Jakobine Wierz

Vom Kritzel-Kratzel zur Farbexplosion

Kindliche Mal- und Gestaltungsfreude verstehen und fördern – mit zahlreichen praktischen Anregungen von 2 bis 10 Jahren

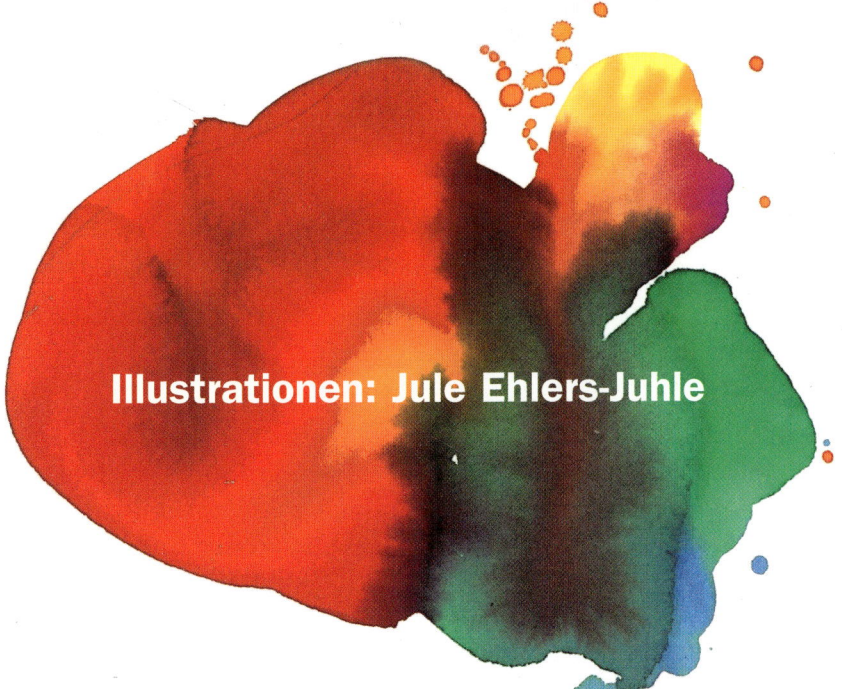

Illustrationen: Jule Ehlers-Juhle

Ökotopia Verlag, Münster

Impressum

Autorin: Jakobine Wierz

Illustratorin: Jule Ehlers-Juhle

Satz: Studio Bandur, Idstein-Wörsdorf

ISBN: 3-936286-42-6

© 2004 Ökotopia Verlag, Münster

1 2 3 4 5 6 7 8 9 · 12 11 10 09 08 07 06 05 04

Inhalt

Einleitung 5

Kinderzeichnungen fördern – aber wie? 7
   Neugier und Wahrnehmung 7
   Anerkennung und Wertschätzung 8
   Korrigieren und verbessern – loben und tadeln? 8
   Vormalen und abmalen? 9
   Hingucken und fragen 10
   Bewertungsfrei und kreativ 11

Die Kritzelphase
   Erstes Schmieren und Kritzel-Kratzel 12
   Das Kleinkind 12
   Auf dem Weg zur Bildgestaltung 12
   Praktische Angebote, Techniken und Themen 13
   Das zweijährige Kind 20
   Die Bildsprache des zweijährigen Kindes 20
   Praktische Angebote, Techniken und Themen 24

Die Vorschemaphase
   Vom Kopffüßler zur differenzierten Menschendarstellung 33
   Die Bildsprache des drei- bis vierjährigen Kindes 33
   Praktische Angebote, Techniken und Themen 35

Die Schemaphase
   Motive und Bildinhalte schematisch einüben 44
   Die Bildsprache des fünf- bis siebenjährigen Kindes 44
   Praktische Angebote, Techniken und Themen 47
      Menschendarstellungen 47
      Tierdarstellungen 58
      Baumdarstellungen 66
      Hausdarstellungen 73
      Muster und Farben 80

Späte Kindheit
Auf der Suche nach der realistischen Darstellung 90
Die Bildsprache des acht- bis zehnjährigen Kindes 90
Praktische Angebote, Techniken und Themen 92

Schlusswort 103
Welche Fähigkeiten wollen sich Kinder jetzt noch erobern? 103
Das Ende der Kinderzeichnung – der Beginn der Erwachsenenzeichnung? 104

Anhang 105
Register 105
Literatur 107
Die Autorin 108
Die Illustratorin 108

Einleitung

Wann beginnen Kinder zu malen? Welches ist das geeignete Malmaterial für die verschiedenen Altersstufen? Was tun, wenn Kinder „schmieren" statt mit der Farbe zu malen? Warum malen Kinder immer nur „Kritzel-Kratzel"? Wieso malen einige lange Zeit immer nur mit einer Farbe? Wie lernen Kinder malen? Wie können Kinder im Malen gefördert werden? Was wollen Kinder mit ihren Bildern sagen? Sollen sie beim Malen korrigiert werden? Hilft es Kindern, wenn ihnen etwas vorgemalt wird? Wie unterhalte ich mich mit Kindern über ihre Zeichnungen? Wie stelle ich Fragen zum Bild?

Dies ist nur ein kleiner Ausschnitt von Fragen, die sich ErzieherInnen, LehrerInnen und Eltern beim Anblick von Kinderzeichnungen immer wieder stellen und auf die dieses Buch Antworten geben will.

Zeichnen und Malen sind für Kinder eine Form der Schriftsprache. In dieser **Sprache** verarbeiten sie das, was sie in ihrer Umgebung jeden Tag mit allen Sinnen wahrnehmen. Indem sie ihre Erlebnisse zu Papier bringen, filtern und fokussieren sie das für sie Bedeutungsvolle heraus.

Da sich in Kinderaugen das Interesse an einzelnen Dingen durch befriedigten Wissensdurst verändert, ändern sich auch die zeichnerischen und malerischen Fähigkeiten. Die Zeichnungen entsprechen einer **Autobiografie**, die uns über die Entwicklung des Kindes Auskunft gibt: So wie ein Kind altersgemäß voranschreitet, sein Körper, sein Geist und seine Seele sich entwickeln, so entwickeln sich auch seine Zeichnungen.

Dabei spielt in den ersten Phasen die **Farbe** noch keine Rolle. Kinder bedienen sich zunächst einer beliebigen Farbe, später greifen sie zu ihrer Lieblingsfarbe und gestalten so ihre ersten Zeichnungen rein graphisch. Erst wenn sich das Interesse der Kinder auf die **Lokalfarbigkeit** von Gegenständen, auf deren reale Farben also, richtet, beginnt es den einzelnen Objekten unterschiedliche Farben zuzuordnen. Bis dahin passieren jedoch zahlreiche Farbexplosionen auf Papier, die häufig für Erwachsene nicht nachvollziehbar sind.

Greifen wir in die graphische oder farbliche Bildgestaltung bevormundend ein, nehmen wir Kindern die Möglichkeit, **eigene Erfahrungen** zu machen. Lassen wir ihnen dafür jedoch Raum

Einleitung

und Zeit, erfahren wir vieles über die geistige Welt, in der sie leben. Ihre Entwicklung eröffnet sich uns dann, wenn wir **in den Bildern wie in einem Buch lesen**. Deshalb ist es wichtig, Kindern Freiraum für ihre persönliche Entfaltung zu geben. Nur dann können sie – ohne Leistungsdruck – die verschiedenen Entwicklungsstufen durchlaufen, die den fruchtbaren Boden für späteres kreatives Tun bilden.

Das vorliegende Buch bietet ebenso theoretische Informationen wie konkrete praktische Anleitungen, um Kinder in ihrer zeichnerischen und malerischen Entwicklung sinnvoll begleiten zu können. Es öffnet den Blick für kleine wie große Gestaltungsfortschritte und Fördermöglichkeiten in den verschiedenen Phasen, ohne dabei selbstständige Beobachtungen vorwegzunehmen.

Die **Struktur des Buches** richtet sich nach den für Kinderzeichnungen vier prägenden Phasen:

1. Die „Kritzelphase": Erstes Schmieren und Kritzel-Kratzel (0–2 Jahre)
In dieser Phase macht das Kind erste Erfahrungen mit Malmitteln und verwendet sie, um Spuren auf Malflächen zu hinterlassen. Dabei werden seine Motorik und seine Wahrnehmung geschult (s. S. 12). Bei zweijährigen Kindern schließlich lassen sich Gestaltungsformen wie „Schwungkritzeln", „Urknäuel" und „Hiebkritzeln" erkennen (s. S. 20 ff.).

2. Die „Vorschemaphase": Vom Kopffüßler zur differenzierten Menschendarstellung (3–4 Jahre)
In dieser Phase übt das Kind sich in der Darstellung des Menschen. Dabei steht insbesondere die Entwicklung vom so genannten „Kopffüßler" zur „Kopf-Rumpftrennung" im Vordergrund (s. S. 30 f.).

3. Die „Schemaphase": Motive und Bildinhalte schematisch einüben (5–7 Jahre)
Diese Phase ist eine der aufregendsten in der Entwicklung der Kinderzeichnung: Das Kind befasst sich mit einzelnen Motiven wie Haus, Baum, Pflanze, Tier und Mensch und versucht diese schematisch einzuüben. Dazu werden diese Motive immer wieder neu miteinander in Bildern kombiniert (s. S. 44 ff.).

4. Die „Späte Kindheit": Auf der Suche nach der realistischen Darstellung (8–10 Jahre)
In dieser Phase strebt das Kind in seiner Malerei nach realistischer Perfektion. Es erprobt sich an perspektivischer und räumlicher Darstellung und bemüht sich um eine größere Detailtreue (s. S. 90 f.).

Diese Phasen durchläuft jedes Kind systematisch nacheinander, das eine Kind früher, das andere später. Dabei fließen die verschiedenen Entwicklungsphasen ineinander. Der Einstieg in die verschiedenen Phasen ist deshalb **nur tendenziell in Altersstufen festzulegen**. Es ist unbedingt davor zu warnen, einem Kind keine malerischen Fähigkeiten zuzusprechen, nur weil es in seiner Gestaltung nicht in allen Bereichen seiner Altersgruppe entspricht. Vielmehr sollten die bisherigen Fähigkeiten und Interessen gefördert werden.

Zu jeder Phase wird in einem kurzen theoretischen Teil die **Bildsprache** der jeweiligen Altersgruppe erläutert und durch **Fotos** von Original-Kinderzeichnungen anschaulich vorgestellt. Im folgenden praktischen Teil sind jeweils **altersgerechte Malmaterialien, Vorbereitungen und Themen** aufgeführt, mit denen die **zahlreichen Mal- und Gestaltungsangebote** optimal umgesetzt werden können.
Alle Anregungen sind praxiserprobt; die Material- und Altersangaben erleichtern die direkte Umsetzung – sowohl im Kindergarten, in der Grundschule oder auch mit den eigenen Kindern zu Hause.

Ich wünsche Ihnen für den Weg „Vom Kritzel-Kratzel zur Farbexplosion" viel Neugier, Beobachtungsgeist und spannende Entdeckungen!

Ihre Jakobine Wierz

Kinderzeichnungen fördern – aber wie?

Neugier und Wahrnehmung

Woran scheitert die Mallust? Wodurch wird sie geweckt? Das eine Kind malt gerne, das andere weniger gern. Es gibt Kinder, die schon recht früh malerisch auf Details eingehen und wiederum andere, die lange Zeit den Details und Farben keine Beachtung schenken. Worauf sind diese unterschiedlichen Reaktionen zurückzuführen?

Das Zauberwort heißt: **Wahrnehmung**. Kinder erobern sich mit allen Sinnen ihre Welt und ihre Umgebung. Dabei schenken sie unterschiedlichen Dingen Aufmerksamkeit. Je mehr Reizanlässe ihnen geboten werden, desto mehr eigenständige Erfahrungen können die Kinder machen. Die Umwelt bietet ihnen dazu vielseitige Möglichkeiten. Jeder einzelne Reiz stellt eine Information dar, die das Gehirn strukturiert. Dabei sollen die Reize zum einen nicht einseitig sein, sondern alle Sinne ansprechen. Zum anderen dürfen Kinder auch nicht mit Reizen überflutet werden. Auch mit ständigen Reizwechseln können sie nichts anfangen. Statt dessen sollten sie die einzelnen erlebten Reize ausleben dürfen. Sie müssen genügend Raum erhalten, diese zu verarbeiten und sie mit anderen Erfahrungen geistig zu vernetzen.

Um die geistige und motorische Fähigkeit voranzutreiben, ist es gerade im Kleinkindalter wichtig, die Kinder dort abzuholen, wo sie in ihrer Entwicklung stehen – nur so können wir ihr Interesse gewinnen.

Für Babys sind logische Zusammenhänge noch ein absolutes Rätsel. Je mehr sich jedoch geistige und körperliche Fähigkeiten entwickeln, wird deutlich, dass ihre **Neugier** der Antrieb für ihren Forscherdrang ist. Um diese Neugier als Baby, Kleinkind oder Schulkind zu entwickeln bzw. weiterzuentwickeln, sind neben der Wahrnehmungsförderung Liebe und Geborgenheit von grundlegender Bedeutung. Sie geben Kindern Sicherheit, um ihr kreatives Potenzial zu nutzen. Sind sie sich dieser Liebe und Geborgenheit sicher, öffnen sie sich für ganzheitliche Erfahrungen. Diese Erfahrungen des eigenen Tuns prägen sich in den Köpfen der Kinder ein und sorgen später für den kreativen fruchtbaren Boden. Dabei helfen **kreativitätsfördernde Methoden** wie suchen und sammeln, experimentieren, erforschen und entdecken, darstellen und gestalten usw.

Von all diesen Erlebnissen erzählen später die Bilder der Kinder. Es sind die Einzelerlebnisse, die uns Erwachsenen kaum noch bewusst sind, durch die sich Kinder inspirieren lassen und von denen sie uns in ihren Bildern berichten.

Anerkennung und Wertschätzung

Erwachsene neigen oft dazu, Kinderzeichnungen zu unterschätzen. Sie glauben, „nur" ein „Kritzel-Kratzel" oder ein „Schmieren" vor sich zu haben.

Doch hinter diesen so unterschätzten Zeichnungen steht der erste Malversuch. Bereits diesen sich noch in den Kinderschuhen befindlichen Zeichnungen sollten Erwachsene mit aller Wertschätzung entgegentreten, um Kinder in ihrer Malfreude zu unterstützen. Dieser erste Malversuch zeugt von eigenen spielerischen Beobachtungen: Kinder erkennen, dass der Stift Spuren auf dem Papier hinterlässt. Gleichzeitig zeugt ein solches Kritzel-Kratzel-Bild von der **Freude an der Malbewegung** und dem **Experimentieren** mit dem noch unbekannten Stift.

Ganz gleich, in welchem malerischen Entwicklungsstadium sich Kinder befinden – ihren Werken sollten wir immer mit Anerkennung begegnen. Diese Wertschätzung können wir auf verschiedene Weise ausdrücken:

- die Bilder mit Datum versehen und in einer besonderen Mappe sammeln;
- die Bilder aufhängen (bei Bildern mehrerer Kinder sollte keines davon zurückgesetzt werden);
- die Bilder mit einem Passepartout versehen und rahmen;
- mit den Kindern eine kleine Bilder-Ausstellung machen.

Korrigieren und verbessern – loben und tadeln?

Korrigieren und verbessern bedeutet immer eine **Vorwegnahme von eigenständigen Beobachtungen** des Kindes. Unter einer solchen Vorwegnahme ist auch der Satz *„Punkt, Punkt, Komma, Strich – fertig ist das Mondgesicht"* zu verstehen. Dazu möchte ich Folgendes zu bedenken geben: Was weiß ein Kind, das noch nicht schreiben kann, vom Aussehen und der Bedeutung eines Kommas oder eines Punktes? Darüber hinaus sinkt durch diese Formel die Gesichtsdarstellung ins Schemenhafte ab und reduziert das Gesicht auf einen Kreis, zwei Punkte und einen senkrechten Strich.

Für Kinder widerspricht diese Beschreibung den eigenen Beobachtungen. Solche Formeln können nur der Welt Erwachsener entstammen, deren Augen für die Differenziertheit der Umgebung blind geworden sind. Da Erwachsene zu wissen glauben, wie sich etwas anfühlt, anhört oder wie etwas aussieht, richten sie ihr Augenmerk nicht mehr auf die Details ihrer Umwelt – ganz im Gegensatz zu Kindern, die ihre Umgebung noch unvoreingenommen und neugierig bis ins Kleinste erforschen.

Erwachsene sollten deshalb nie korrigierend in ein Bild eingreifen oder das Gemalte als fehlerhaft tadeln. Kinder haben oft eine Erklärung für ihre Bilder, die uns unklar oder falsch erscheint. Ein **gemeinsames Gespräch** kann Auskunft über ihre Gedanken und Fantasien geben. Erschließt sich dabei ein unbeabsichtigtes Fehlen von Details, sollten wir Kinder z. B. auf Einzelheiten eines Gegenstandes aufmerksam machen, die diesem evtl. noch fehlen. Wichtig ist, dass es hierbei nicht um eine Bewertung der Zeichnung im Sinne von „richtig" oder „falsch" geht, sondern darum, **Kinder in ihrer visuellen Wahrnehmung zu unterstützen** und auf

Dinge aufmerksam zu machen, ohne korrigieren zu wollen. Hat ein Kind beim Malen eines Gesichts z. B. die Nase vergessen, könnten wir es darauf aufmerksam machen, sich das Gesicht eines Menschen genauer anzusehen oder fragen, ob die gemalte Person auch riechen kann. Damit nehmen wir die Entdeckungen des Kindes nicht vorweg – wie es die Aussage: *„Du hast die Nase vergessen!"* tun würde –, sondern regen es zum selbstständigen Überlegen und zur Auseinandersetzung mit seinem Bild an.

Natürlich sind Lob und Bewunderung Motivatoren für Kinder. Dennoch sollten wir sowohl mit dem Lob als auch mit eventuellen Verbesserungsvorschlägen mit viel **Fingerspitzengefühl** vorgehen. Ein Kind beispielsweise in einer Gruppe mit großem Lob hervorzuheben, wirkt demotivierend auf die übrigen Kinder. Selbstverständlich ist ebenfalls davon abzuraten, vor einer Kindergruppe das Bild eines Einzelnen zu kritisieren – Malfrust statt Mallust ist dann vorprogrammiert. Außerdem nutzt sich unentwegtes Lob schnell ab und die Kinder fühlen sich nicht mehr ernst genommen, wenn wir grundsätzlich alles an ihren Bildern wunderbar finden. Sie wissen meist selbst, dass einige Darstellungen treffend und andere noch nicht ganz gelungen sind, und erwarten von uns eine **konstruktive Hilfestellung**.

Wenn wir uns also von Kindern die Teile eines Bildes zeigen lassen, von denen sie selbst glauben, dass sie ihnen besonders gut gelungen sind oder bei denen sie sich besonders bemüht haben, sind wir bereits im Gespräch und können gezielt ihre Bemühungen anerkennen.

Vormalen und abmalen?

„Mal mir doch mal einen Weihnachtsbaum!" – so lautet die Bitte eines Kindes, der wir meist gerne nachkommen. Auch wenn wir uns selbst im Malen nicht so sicher fühlen, hoffen wir dadurch das Kind zu eigenem Malen zu motivieren.

Doch das Gegenteil ist der Fall: Das Kind wird aufgrund der uns Erwachsenen zugeschriebenen Autorität unseren Weihnachtsbaum stets als „besser" und „perfekter" ansehen als den eigenen. Die Erwachsenenzeichnung verunsichert das Kind im eigenen Tun. Es verliert den **Mut zur Eigengestaltung**, denn die Qualität der Erwachsenenzeichnung zu erlangen, scheint ihm unmöglich. Es gibt die selbstständigen Überlegungen und Bemühungen auf, denn es hat ja nun eine Vorlage. Schade – welch ein Verlust!

Am Beispiel des Baumes lässt sich die Problematik vertiefen. Werden Erwachsene aufgefordert einen Baum zu malen, so bedienen sie sich meist der drei Grundformen: Für einen Laubbaum kombinieren sie ein Rechteck als Stamm mit einem Kreis als Baumkrone. Möchten sie einen Nadelbaum darstellen, setzen sie ein Dreieck auf ein kleines Rechteck. Kinder dagegen, die dabei sind, sich die Welt zu erobern, wollen den Baum, den sie mit allen Sinnen erfahren haben, mit jedem auffälligen Detail darstellen. Es genügen weder ein Dreieck oder ein Kreis noch ein Rechteck, denn ihre Erfahrungen mit einem Baum sind viel umfangreicher: die spitzen Nadeln und die biegsamen Äste einer Tanne, die Blüten, Blätter und Früchte eines Laubbaumes, seine raue Rinde, die breiten Äste zum Klettern und seine dünnen Zweige...

Für Erwachsenenzeichnungen sind also symbolhafte Darstellungen typisch, denn sie globalisieren Dinge und reduzieren sie auf eine reine Formensprache. Auf diesem Prinzip basieren **Malbücher**. Hier sind die Umrissformen bestimmter Objekte symbolhaft vorgegeben und sollen ausgemalt werden. Die eigene Gestaltungsmöglichkeit entfällt damit nicht nur, sondern die reduzierten Formen entsprechen darüber hinaus nicht dem kindlichen Blickwinkel und Erfahrungsschatz. Auch die Förderung des Malens innerhalb festgelegter Linien macht hier wenig Sinn, denn Kinder malen Felder viel sorgfältiger aus, die sie selbst festgelegt haben.

Oftmals sind außerdem den Umrisszeichnungen ausgemalte Bilder gegenübergestellt mit der Aufforderung, den Umriss in den gleichen Farben auszumalen. Dabei ist nicht berücksichtigt, dass Kinder – je nach Entwicklungsphase (s. S. 5) – gerne ihre Lieblingsfarben verwenden oder Farben, die ihrem Temperament entsprechen. Die **Gestaltungsfreude wird** zusätzlich durch die kleinformatigen Bücher räumlich **eingeschränkt**.

Kinder brauchen weder Malbücher noch Erwachsenenzeichnungen als Vorlage. Sie schöpfen aus ihren eigenen Erlebnissen mit ihrer Umwelt und gestalten diese eigenwillig mit Formen und Farben – wenn wir ihnen den Freiraum lassen.

Hingucken und fragen

„Guck mal, das hab' ich gemalt!" Begeistert und voller Stolz zeigt uns ein Kind sein Werk. Wir schauen uns das Bild an und möchten ihm gern eine Rückmeldung geben. Doch wir können auf diesem Bild keine der **kindlichen Sinnesspuren lesen** – wir suchen nach uns bekannten symbolhaften Formen und Figuren und sehen „nur Kritzel-Kratzel".

Kinderzeichnungen sind für Erwachsene oft nur schwer lesbar. Und es ist gefährlich, voreilig durch eigene Erklärungsversuche die Zeichnung zu analysieren und über den Inhalt Schlüsse ziehen zu wollen, denn dabei haben wir keinen Fehlversuch frei: Treffen wir nicht spontan den Nagel auf den Kopf und erraten genau, was das Kind dargestellt hat, fühlt es sich unverstanden und ist enttäuscht. Kommen solche Situationen häufiger vor, verliert das Kind den Mut zu selbstständiger Gestaltung.

Erobern wir uns stattdessen gemeinsam mit Kindern ihre Bilder. Bewundern wir ihre Darstellungen, um uns von ihnen den **Inhalt erzählen zu lassen**. Dabei helfen positiv formulierte Fragen wie: *„Das ist ja ein farbenprächtiges Bild geworden. Magst du mir dazu etwas erzählen? Woran hast du beim Malen gedacht? Ist es dir leicht gefallen, das Bild zu malen?"* Wir werden erstaunt sein, was mithilfe der Erklärung der Kinder alles vor unseren Augen aus dem zunächst undurchsichtigen Liniengeflecht entsteht. Dabei erfahren wir viel über ihren Entwicklungsstand und sie fühlen sich in ihrem Tun anerkannt und ernst genommen, wenn wir ihren Bildern **Zeit und Interesse widmen**.

Bewertungsfrei und kreativ

Viele verschiedene Faktoren erleichtern Kindern ihren Weg „Vom Kritzel-Kratzel zur Farbexplosion". Wenn wir sie dabei konstruktiv unterstützen wollen, sollten wir auf **optimale Malbedingungen** achten:

- ausreichend Zeit;
- genügend großer Raum;
- Boden und Mobiliar sollten abwaschbar sein;
- optimaler Lichteinfall;
- angenehme Zimmertemperatur und gute Belüftung;
- Interesse an der Bildgestaltung zeigen;
- statt zu hohe Erwartungen zu stellen kleine Entwicklungsschritte bewundernd wahrnehmen;
- offene, nicht bewertende Atmosphäre auch unter den Kindern schaffen – destruktive Kritik, Spott und Zynismus bleiben außen vor;
- statt Schablonenarbeit und Konformität Freiraum zur individuellen Gestaltung lassen;
- keinen Einfluss auf die Bildgestaltung nehmen, sondern sich als motivierende Begleitung beim Weitermalen verstehen.

Die Kritzelphase
Erstes Schmieren und Kritzel-Kratzel

Das Kleinkind

Auf dem Weg zur Bildgestaltung

Bereits die frühe Phase des Kleinkindes ist prägend für die spätere Entfaltung von Malfertigkeit. Denn lange bevor das Kind zu malen beginnt, sammelt es vor allem taktile Eindrücke. Ab seinem ersten Lebenstag erkundet und erobert es aktiv seine Umwelt. Dabei können wir ihm behilflich sein, indem wir Umgebungen und Situationen schaffen, die **Sinneserfahrungen** ermöglichen. Das heißt, dem Kind Raum zur visuellen (Sehsinn), auditiven (Hörsinn), taktilen (Tastsinn), olfaktorischen (Riechsinn), gustatorischen (Geschmackssinn), kinästhetischen (Bewegungssinn) und vestibulären (Gleichgewichtssinn) Wahrnehmung zu geben.

Dabei spielen beim Kleinkind **schmierige, knetbare oder reißbare Materialien** eine wichtige Rolle, da diese einen hohen Aufforderungscharakter zum Rollen, Walzen, Drücken, Biegen, Kneten, Klopfen, Reißen, Durchbohren, Schmieren oder Knüllen haben. Um die Dinge der Welt zu verstehen, muss das Kind nach diesen greifen dürfen – nur so kann es seine **Umwelt be-greifen** und ganzheitliche Erfahrungen machen, die sich einprägen und später nicht nur den fruchtbaren Boden für kreatives Tun darstellen, sondern auch die Motorik und insbesondere die Fingerfertigkeit fördern. Schmierige und matschige Malmaterialien sind deshalb ein interessanter Anreiz, um erste sinnliche und malende Erfahrungen zu machen.

Praktische Angebote, Techniken und Themen

Matschmonster

Materialien
Für die ersten Wahrnehmungserfahrungen eignet sich als Material alles, was sich verschmieren oder vermatschen lässt, z. B. Ton, Rasierschaum, Fingerfarbe, Kleister bzw. Kleisterfarbe. Zum Auftragen eignen sich zunächst einfach Hände und Füße oder verschiedene zerknüllbare Papiere als Pinsel.

Vorbereitungen
Der Boden sollte großflächig mit Folie ausgelegt und diese mit Klebeband am Boden fixiert werden. Die Kinder sollten unbedingt Kleidung tragen, die Farbe vertragen kann. Je nach Aktion bietet es sich an, nur eine Badehose zu tragen oder unbekleidet zu spielen.

Themen
Bei Kleinkindern kann noch nicht von Malthemen gesprochen werden. Hier geht es um freie Angebote, die die Wahrnehmungs-, Entdeckungs- und Experimentierfreude wecken ohne den Anspruch, konkrete Themenvorschläge umsetzen zu wollen.

Ton hat für Kinder einen großen taktilen Reiz. Er ist glitschig und lässt sich kneten, biegen, schlagen, drücken, rollen, durchbohren, verschmieren und vieles mehr. Er kann je nach Zugabe von Wasser hart, weich oder flüssig sein und hinterlässt interessante Spuren auf Pappe.

Material: pro Kind 1 faustgroßer Klumpen Ton, 1 Schüssel mit Wasser und 1 großer Pappbogen
Alter: ab 1,5 Jahren

Die Tonklumpen und Schüsseln mit Wasser werden im Freien auf dem Boden bereitgestellt und die Pappbögen daneben ausgelegt.
Die Spielleitung begleitet die Kinder in ihrem Tun, indem sie ihnen zeigt, welche Bearbeitungs- und Gestaltungsmöglichkeiten es mit Ton, Wasser und Pappe gibt. Sie kommentiert ihre Vorschläge und bezieht die Kinder ins Experimentieren mit ein. Gemeinsam erkunden sie die Materialien, indem sie z. B.

- den Klumpen Ton durchkneten, verformen oder in kleine Stücke teilen;
- den Ton zu vielen kleinen Würsten, Kugeln oder Platten verarbeiten;
- mit einem Stück Ton über die Pappe reiben, sodass dort Spuren sichtbar werden;
- kleine Tonflocken abzupfen, ins Wasser tauchen und zwischen den Händen verreiben;
- den Ton auf den Armen oder anderen Körperteilen verschmieren;
- die mit Ton verschmierten Hände auf die Pappe drücken oder darüber wischen.

Die Kritzelphase

Seidenpapierbilder

Kinder zerknüllen mit ebenso großer Begeisterung Papier wie sie mit Wasser plantschen – beides verbindet sich bei der Gestaltung von Seidenpapierbildern.

Material: verschiedenfarbiges Seidenpapier, kleine Schüsseln mit Wasser, Malpapier DIN A2
Alter: ab 1,5 Jahren

Die Kinder zerreißen das Seidenpapier und zerknüllen es. Sie tauchen es kurz ins Wasser und drücken das matschige Seidenpapierknäuel auf das Malpapier.
Ist das Blatt mit vielen bunten Seidenpapierknäueln bedeckt, lassen sie es über Nacht trocknen.
Am nächsten Tag entfernen die Kinder die Seidenpapierknäuel und zum Vorschein kommt ein farbenfrohes Bild.

Rasierschaummuster

Rasierschaum ist ein cremiges Material mit hohem taktilem Reiz, durch das sich wunderbar Spuren ziehen lassen.

Material: Rasierschaum, Plastikplane oder PVC-Boden; evtl. Lebensmittelfarbe, Zeichenpapier
Alter: ab 1,5 Jahren

Ist kein Raum mit PVC-Boden vorhanden, wird auf dem Boden eine Plastikplane ausgerollt und der Rasierschaum darauf gesprüht.
Gemeinsam mit den Kindern verstreicht die Spielleitung den Schaum auf der Plane. Dazu nimmt sie abwechselnd die Hand eines Kindes und führt diese sanft gleitend über die Plastikplane. So erhalten die Kinder ein Gespür für den Aufforderungscharakter des Materials und beginnen selbstständig den Schaum zu verreiben. Wem gelingt es, mit seinen Fingern sogar Linien in den Schaum zu malen?
Bald verreiben die Kinder mit Begeisterung den Schaum auch auf ihrem Körper, um ihn noch intensiver zu spüren.

Variante

Wird Lebensmittelfarbe unter den Rasierschaum gemischt, lassen sich die Schaumbilder auf Papier übertragen: Auf die bunte Schaumfläche wird ein Bogen Papier gelegt und vorsichtig wieder abgezogen.

Dieses Abklatschverfahren ermöglicht es, die ersten Malspuren der Kinder festzuhalten. Auch wenn gezielter Farbeinsatz noch keine Bedeutung hat – die Buntheit fasziniert Kinder.

Fingerfarbe selbst gemacht

Fingerfarbe ist ein beliebtes Malmittel für Kinder, das leicht selbst herzustellen ist. Alle folgenden Aktionen, bei denen Fingerfarbe eingesetzt wird, können wahlweise mit der selbst hergestellten Farbe oder mit gekaufter Fingerfarbe umgesetzt werden.

Zutaten: 4 gehäufte EL Weizenmehl, 1 l kaltes Wasser, Lebensmittelfarbe(n)

Das Mehl in einen großen Topf geben und das Wasser hinzugießen.
Unter ständigem Rühren mit dem Schneebesen die Masse zum Kochen bringen.
Während des Rührens die Farbe hinzufügen.
Hat die farbige Masse eine cremige Konsistenz, ist die Fingerfarbe fertig.

Hinweis: Für verschiedene Farben wird die Masse vor dem Zugeben der Lebensmittelfarbe auf zwei oder mehr Gefäße verteilt und jeweils mit einer anderen Farbe vermischt. Je mehr Farbe dabei hinzugefügt wird, desto intensiver wird der Farbton.

Papierknäuelbilder

Material: Fingerfarbe, mehrere flache Schalen, Tapete, Klebeband, Zeitungspapier
Alter: ab 1,5 Jahren

Die Fingerfarbe wird mit Wasser zu einer cremigen, jedoch nicht flüssigen Masse verdünnt und in flache Schalen gefüllt. Auf dem Boden wird eine Tapetenbahn ausgerollt und mit Klebeband fixiert.
Die Kinder zerknüllen das Zeitungspapier zu großen Kugeln, tauchen ihren Papierknäuel in Farbe und pressen ihn auf die Tapete. Die Kinder können mit dem Papierknäuel leicht auf die Tapete tupfen, die Farbe damit verstreichen oder das Knäuel fest auf die Tapetenbahn drücken und erhalten so ganz unterschiedliche Spuren.

Variante

Der umgekehrte Prozess ermöglicht eine Art Papierbatik. Dazu bemalen die Kinder das geknäuelte Zeitungspapier mit Fingerfarben. Wieder aufgefaltet werden effektvolle Knitterbilder sichtbar.

Die Kritzelphase

Schneckendruck

Ein Druckstock aus Wellpappe ist für Kinder gut mit der Faust zu greifen und hinterlässt schneckenartige Spuren auf dem Papier.

Material: Raufasertapete, Klebeband, pro Kind 1 Streifen Wellpappe (ca. 60 cm lang und 8 cm breit), Fingerfarbe (s. S. 15), kleine Schüsseln
Alter: ab 1,5 Jahren

Auf dem Boden oder auf dem Tisch wird ein Stück Tapete mit Klebeband befestigt.
Der Wellpappstreifen wird eng zu einem flachen Zylinder zusammengerollt und mit Klebeband fixiert, sodass sich eine schneckenhausähnliche Druckfläche ergibt. (Es spielt keine Rolle, ob sich die Struktur außen oder innen befindet.) Die Fingerfarbe wird auf die Schüsseln verteilt. Die Kinder tauchen den Druckstock in die Farbe und drucken damit tupfend auf die Raufasertapete. Dabei wird die schneckenhausartige Struktur des Druckstocks sichtbar.

Eisbilder

Eisbilder malen sich wie von selbst. Dazu brauchen die Eiswürfel nur über das Blatt zu schlittern.

Material: Eiswürfelbereiter, Wasser, Lebensmittelfarbe, großflächiges Malpapier
Alter: ab 1,5 Jahren

Vorbereitung:
Mit Lebensmittelfarbe gefärbtes Wasser wird in die Eiswürfelbereiter gefüllt. Je nachdem, wie viel Farbe dem Wasser hinzufügt wird, desto kräftiger ist später der Farbton. Der Eiswürfelbereiter wird ins Gefrierfach gestellt, bis die bunte Flüssigkeit gefroren ist.
Die Spielleitung breitet das Malpapier auf dem Boden aus.

Durchführung:
Die Kinder nehmen mehrere Farbeiswürfel und legen sie auf die Malfläche. Die Eiswürfel gleiten durch bloßes Anstoßen auf dem Papier hin und her. Da sie in der Wärme langsam auftauen, hinterlassen sie dabei bunte Spuren auf dem Papier.

Die Kritzelphase

Malbällchen

Malbällchen sind weich, geben nach und lassen sich von Kindern gut in der Hand halten.

Material: 1 Stück Stoff (Leinen, Baumwollstoff vom Bettlacken oder Geschirrtuch, 25 x 25 cm), Stoffreste bzw. Schaumstoff oder Wolle, Wollfaden, Packpapier, Klebeband, Fingerfarbe (s. S. 15), mehrere Teller
Alter: ab 1,5 Jahren

Vorbereitung:
Die Stoffreste mittig auf dem großen Stoffstück ausbreiten und die vier Ecken des Stoffs mit einem Wollfaden fest zusammenbinden.
Ein größeres Stück Packpapier wird mit Klebeband auf dem Boden oder dem Tisch fixiert und die Teller werden mit Fingerfarbe gefüllt.

Durchführung:
Die Kinder tauchen ihre Malbällchen in einen Teller mit Farbe und tupfen damit auf das Packpapier. Ist das Malbällchen erst einmal mit Farbe angereichert, können die Kinder das Bällchen immer wieder auftupfen. Dabei hinterlässt es eine langsam schwächer werdende Spur.

Murmeltanz

Material: Malpapier, Schere, 1 Schuhkarton und 2 Murmeln pro Kind, Fingerfarbe
Alter: ab 1,5 Jahren

Das Papier wird so zurechtgeschnitten, dass die Kinder damit den Boden ihres Schuhkartons bedecken können. In jede Ecke des Papiers wird ein Farbklecks gesetzt.
Die Kinder legen ihre Murmeln in den Schuhkarton und schließen den Deckel. Mit aller Kraft rütteln und schütteln sie den Karton, sodass die Kugeln darin zu springen und zu tanzen beginnen. Sicher hören die Kinder dabei, wie die Murmeln gegen die Wände des Kartons klopfen. Öffnen die Kinder ihre Schachtel wieder, entdecken sie bunte Farbspuren, die vom Tanz der Murmeln erzählen.

Die Kritzelphase

Hand- und Fußabdrücke

Mit dieser Aktion machen Kinder taktile und grobmotorische Erfahrungen.

Material: Fingerfarben (s. S. 15), mehrere flache Plastikschalen, Tapete, Klebeband
Alter: ab 1,5 Jahren

Die Farben werden auf die Schalen verteilt und daneben eine Bahn Tapete auf dem Boden mit Klebeband fixiert.
Gemeinsam mit der Spielleitung tauchen die Kinder einen Fuß in eine Farbe und gehen damit über die Tapete.
Haben die Kinder schon ein wenig Übung mit den Fußabdrücken, probieren sie mit der Spielleitung verschiedene Bewegungsformen aus – je nach motorischem Entwicklungsstand: Sie hüpfen, trippeln, stampfen oder schleifen mit den Füßen über die Tapete, bis keine Farbe mehr am Fuß ist.
Zur Abwechslung tauchen die Kinder statt des Fußes auch eine Hand in Farbe und drücken sie mithilfe der Spielleitung auf das Papier. Die Kinder haben viel Spaß an den farbigen Abdrücken und genießen das Matschen mit der Farbe.
Hinweis: Am einfachsten lässt sich die Aktion bei schönem Wetter im Freien umsetzen.

Igeln auf der Spur

Material: Tapete, Klebeband, Fingerfarbe (s. S. 15), mehrere flache Schüsseln, 1 Igelball pro Kind; evtl. Tennisbälle
Alter: ab 1,5 Jahren

Die Spielleitung fixiert drei Tapetenbahnen nebeneinander mit Klebeband auf dem Boden und verteilt die Fingerfarbe auf flache Schüsseln. Die Kinder tauchen ihren Igelball in die Farbe und lassen ihn über die Tapete kullern. Wo laufen die Igel lang?
Wahlweise probieren die Kinder andere Bewegungen mit dem Igelball aus: Sie klopfen z. B. damit auf die Tapete oder drücken ihn fest auf.

Variante

Die Kinder lassen zusätzlich eingefärbte Tennisbälle über die Tapete rollen. Erkennen sie den Unterschied der Spuren? Kann der Tennisball über die Tapete hüpfen? Welches Tier könnte hier wohl lang gelaufen sein?

Wachstuchmalerei

Hier dürfen Kinder dort malen, wo es sonst verboten ist: auf dem Tisch!

Material: Kleister, Eimer, Lebensmittelfarben, 1 Glas oder Schüssel pro Farbe, Wachstischdecke, festes Papier (mind. DIN A3)
Alter: 1,5 Jahren

Vorbereitung:
Entsprechend der Verpackungsbeschreibung den Kleister mit Wasser in einem Eimer anrühren. Ist der Kleister steif, wird er auf die Schüsseln verteilt und die Lebensmittelfarben werden untergerührt.

Durchführung:
Die Spielleitung gibt etwas Kleisterfarbe auf die Wachstischdecke und die Kinder verstreichen das glitschige Material auf dem Tuch. So entstehen Flächen, Linien und Muster.
Gemeinsam mit der Spielleitung legen die Kinder den Bogen Papier auf das bemalte Wachstuch und streichen mit leichtem Druck darüber. Heben die Kinder den Bogen wieder von der Decke herunter, erscheinen auf dem Papier die bunten gemalten Spuren.

Das zweijährige Kind

Die Bildsprache des zweijährigen Kindes

In diesem Alter beginnt bei Kindern in der Regel das eigentliche malerische Interesse, das aus den vorherigen Wahrnehmungserfahrungen resultiert. Jetzt interessieren sie sich für die vor ihnen liegende Malfläche. Dazu gehören für Kinder zunächst einmal neben Papier- und Pappmalflächen auch alle sonstigen Flächen, auf denen sie Spuren hinterlassen können: der Boden ebenso wie der Asphalt, die Wand oder der Tisch. Deshalb ist sehr häufig zu beobachten, dass Kinder sich auf diesen Flächen austoben möchten. Dabei sollten die Erwachsenen darum bemüht sein, ihnen zwar Grenzen aufzuzeigen, jedoch gleichzeitig speziell dafür präparierte Nischen zur Verfügung zu stellen (z. B. eine Kinderzimmerwand als Malfläche einplanen und gestalten).

Besonders wichtig sind dabei die Spuren, die sichtbar werden, wenn die Kinder mit Stift, Pinsel oder anderen Malmaterialien über deren Oberfläche fahren. Sie experimentieren mit diesen Materialien und erproben ihre Möglichkeiten. Dabei ist stets der Weg das Ziel, denn nicht das Resultat interessiert beim Malvorgang, sondern **der Malprozess selbst steht im Mittelpunkt**. Kinder messen ihren Bildern dabei noch keinen Wert zu. Häufig verwenden sie ihre Werke, um sie zu zerreißen oder zu überkleben.

Bis die Malspur jedoch dem kindlichen Willen gehorcht, müssen Kinder ihre Motorik und insbesondere die **Feinmotorik trainieren**. Dies geschieht erst einmal durch das Malen mit großen Armschwüngen, bis die Bewegung mehr aus dem Unterarm heraus erfolgt. Aus den bisher schwungvollen Linien werden Zickzacklinien oder Kreuze. Diese Figuren entstehen bereits aus einer **bewussten Bewegungskoordination** der Kinder.

Schließlich gelingt es ihnen, vorrangig aus der Hand heraus zu malen, wodurch sie eine kontrollierte Stifthaltung und Stiftführung erreichen. Dies bildet die Grundlage, um eigene Bildvorstellungen umzusetzen.

In dieser Phase üben Kinder also ihre (fein-)motorischen Fähigkeiten. Sie trainieren ihre Muskeln, bis es ihnen gelingt, ihre Bewegungen kontrolliert zu koordinieren. Sie erproben

- das Halten von Malwerkzeugen;
- wie sich fester oder schwacher Druck auf das Malwerkzeug auf die Farbspur auswirkt;
- die Geschmeidigkeit bzw. den Widerstand von verschiedenen Malmaterialien;
- unterschiedliche Bewegungsabläufe beim Malen;
- rhythmische Bewegungen;
- Erwachsene beim Schreiben nachzuahmen.

Die in dieser Experimentierphase entstehenden Bewegungsabläufe spiegeln sich in den Zeichnungen anhand typischer wiederkehrender Formen. Sie kündigen uns den Eintritt in die nächste Entwicklungsphase an. Es kann allerdings durchaus vorkommen, dass manche Kinder einige der im Folgenden beschriebenen Formen überspringen.

Schwungkritzeln
Solange Kinder noch nicht aus dem Handgelenk heraus malen, sind sie aufgrund der Hebelwirkung der Gelenke gezwungen, beim Malen den gesamten Arm einzusetzen. Damit führen sie große Schwungbewegungen auf der Malfläche aus. Immer wieder fahren sie dabei über die gleiche Stelle, bis diese mit Farbe ausgefüllt ist. Oft zerreißt das Papier in der Folge an dieser Stelle. Die Kinder erleben so die Geschmeidigkeit bzw. den Widerstand verschiedener Malmaterialien und verbessern ihre Feinmotorik beim Halten des Stifts.

Erste zeichnerische Bildäußerungen des Kindes: Schwungkritzeln, Punktierungen und erste Urknäuelgebilde sind deutlich zu erkennen.

Punktierungen

Bei der Erprobung des Malmaterials geht es u.a. darum, mit dem Druckpunkt des Stifts auf der Malfläche zu experimentieren, wodurch später ein flexibler Ansatz ermöglicht wird. Dabei kommt es zu so genannten Punktierungen, bei denen Kinder mit dem Stift heftig auf das Papier einstechen. So entsteht ein willkürliches Punktemeer, und nicht selten wird das Papier dabei durchbohrt.

Urknäuel

Sobald Kinder ihre Armmotorik zu einer Kreisbewegung weiter entwickeln, entstehen beim Malen kreisförmige Linienknäuel. Sie wirbeln dabei mit ihrem Stift in einem unabgesetzten Bewegungsablauf mit spiralförmigen, schlaufenähnlichen Bewegungen immer wieder um ein gedachtes Zentrum. Dies stellt eine Vorübung auf dem Weg zum geschlossenen Kreis dar (s. S. 23 „Kreise schließen").

Urknäuel als Vorübung zum späteren Kreise schließen

Die Kritzelphase

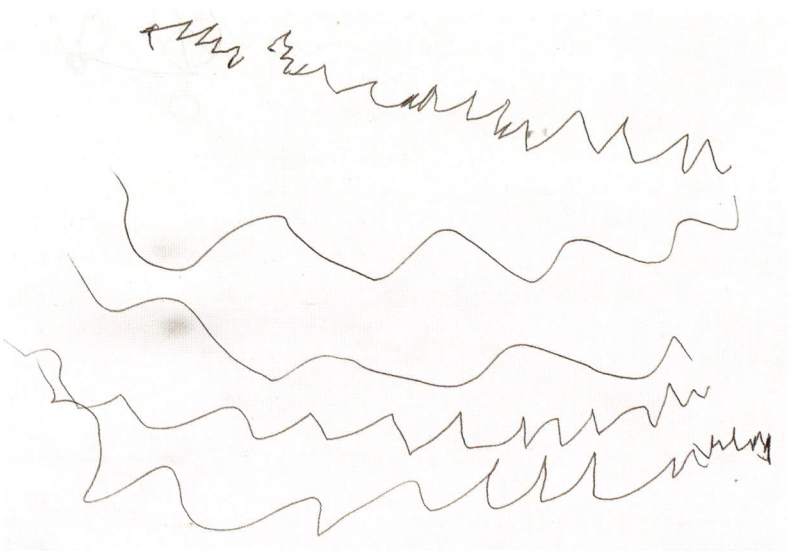

Ur-Zick-Zack: Das Kind ändert die Malrichtung ohne den Stift abzusetzen.

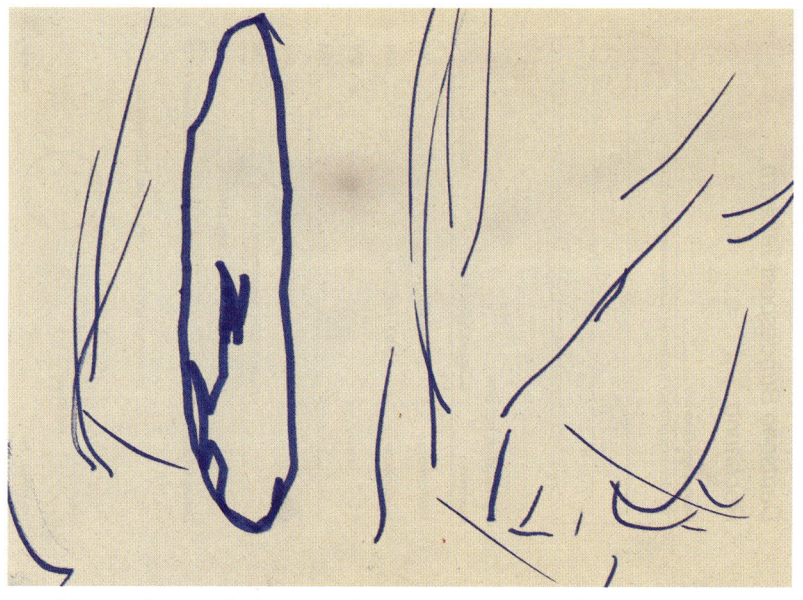

Hiebkritzeln und der – gelungene – Versuch einen Kreis zu schließen

Hiebkritzeln

Beim Hiebkritzeln üben Kinder den Stift abzusetzen, neu anzusetzen und die Richtung zu wechseln. Dabei entstehen abgehackte, senkrechte und waagerechte Linien. Häufig entstehen im Zusammenhang mit dem Hiebkritzeln auch das so genannte **„Ur-Zick-Zack"** (Anhäufung von Zick-Zack-Linien) und das **„Leiterbild"** (zwei senkrecht zueinander verlaufende Linien, durchkreuzt von horizontalen, hiebartigen Strichen). Bei allen drei Formen geht es um das Experimentieren mit dem bewusst gerichteten Strich durch den Richtungswechsel von Linien.

Urkreuz

Eine sich aus dem Hiebkritzeln entwickelnde Form ist das Urkreuz. Haben die Kinder bisher abgesetzte Linien nur waagerecht oder senkrecht nebeneinander gezeichnet, lassen sie die Linien sich nun schneiden. So entstehen in den Bildern sehr häufig Kreuzformen. Dies stellt eine Grundvoraussetzung für die spätere Weiterentwicklung zum Kopffüßler dar (s. S. 33 f.).

Aus den Kreuzformen entwickelt sich der Versuch der Kinder Vierecke zu bilden. So zeigen viele Bilder Kastenformen, auch **„Urkasten"** genannt.

Die Kritzelphase

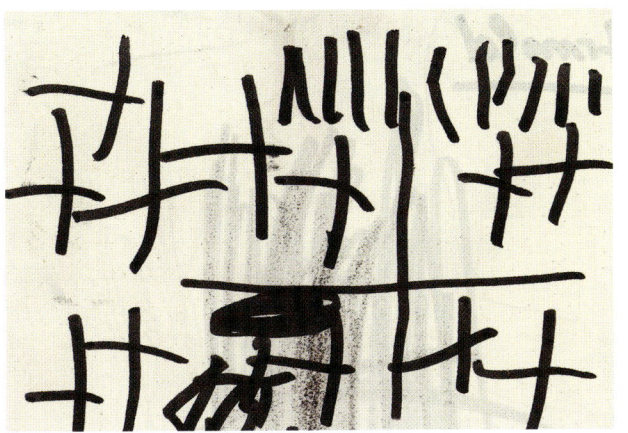

Urkreuz: Das Kind zeichnet sich überkreuzende Linien.

Dreh- und Streubild

Bei all diesen Übungen haben Kinder in ihrer Bildgestaltung noch keine Raumvorstellung. Oftmals begreifen sie z. B. den Papierrand nicht als Malflächenbegrenzung, sondern zeichnen im Maleifer über das Bild hinaus.

Da sie kein oben und kein unten kennen, drehen sie die Malfläche während des Malens und malen dort weiter, wo sie gerade noch eine freie Stelle finden. So entsteht das typische Drehbild. Eine Alternative zum Drehbild ist das Streubild. Statt das Blatt zu drehen, streuen die Kinder ihre Malereien quer über das ganze Blatt.

Kreise schließen

Den letzten Schritt dieser Erprobungsphase bildet der Versuch, Kreise zu schließen. Dabei entstehen Schneckenformen oder offene Kreise.

Schwungkritzeln mit ersten Versuchen Kreise zu schließen

Praktische Angebote, Techniken und Themen

Materialien

- Die **Malfläche** sollte großformatig gewählt werden, da die Kinder sie als unbegrenzt ansehen. Auf diese Weise haben die Kinder genügend Spielraum um sich auszutoben: auf Tapetenbahnen, Packpapierbahnen, Kopierpapier, Zeichenpapier, Pappe oder Tonpapier – mind. im DIN A3 Format. Wichtig ist dabei, dass die Kinder die Malfläche bewegen oder um sie herumlaufen können.
- Als **Farben** eignen sich in dieser Gestaltungsphase vor allem weiche und schmierige Farben. Sie sind für Kinder leicht aufzutragen und lassen genügend Spielraum, um gleitend großflächige Spuren auf der Malfläche zu hinterlassen. Geeignet sind z. B. Wachsmalblöcke, Ton, Quarkfarben, Eifarben und Kleisterfarben.
- Zum Auftragen der Farben ist es wichtig, den Kindern viele verschiedene **Malwerkzeuge** anzubieten. Dabei sollte darauf geachtet werden, dass die Kinder sie gut in den Händen halten und führen können. Als Malwerkzeuge eignen sich z. B. dicke Borstenpinsel, dicke Wachsmal- und Buntstifte, kleine handliche Bürsten oder Teigschaber. Oft reichen auch die eigenen Hände zur Verteilung der Farben aus.

Themen

Kindern innerhalb dieser Phase Malthemen zu nennen, wäre verfrüht, da es ihnen um motorische und sinnliche Erfahrungen geht. Deshalb ist es wichtig, ihnen dann entsprechende Angebote aus diesem Kapitel zu machen, wenn sie Impulse von außen zur Weiterentwicklung benötigen.

Sollten Kinder dennoch bereits nach konkreten Themenanregungen verlangen, bieten sich offene Themen an, die aus ihrem kognitiven und motorischen Erfahrungsbereich stammen und ihnen viel Spielraum beim Malen lassen:

- es stürmt;
- es regnet und hagelt;
- es donnert;
- ein Finger tanzt über das Blatt;
- die Finger laufen über das Blatt;
- ein Auto fährt Kurven.

Tonbilder

Das Malen mit Ton auf Papier bietet Kindern sinnliche Erfahrungsanreize: Sie spüren den Widerstand und die Oberflächenbeschaffenheit des Papiers, wenn die vom verwässerten Ton schmierigen und glitschigen Finger über die raue Oberfläche des Tonpapiers gleiten.

Material: weißer Ton, mehrere Schüsseln, schwarzes Tonpapier, Klebeband; evtl. Lehm oder Erde, Mörser, Kleister
Alter: ab 2 Jahren

Der Ton wird auf die Schüsseln verteilt und etwas Wasser hinzugegeben. Das schwarze Tonpapier wird mit Klebeband auf den Maltischen befestigt.
Die Kinder verkneten den Ton in den Schüsseln mit ihren Händen zu einer sahnigen Masse.
Mit ihren schmierigen Fingern bemalen sie das Tonpapier, indem sie z.B. mit der flachen Hand auf das Papier drucken, mit ihren Fingerkuppen wie Regentropfen auf das Papier trommeln oder die Tonfarbe mit ihren Fingern in großen Schwüngen über das Papier verteilen.

Variante

Statt Ton werden Lehm oder andere Erdmaterialien benutzt. In Verbindung mit Kleister ergibt Erde mit einem Mörser zu feinem Pulver zerrieben ein vorzügliches Ersatzmaterial für den Ton.

Eifarben-Klappbild

Eifarbe ist schleimig und gleichzeitig geschmeidig. Sie lässt sich ganz leicht mit großen Armschwüngen, kreisenden Händen und wirbelnden Fingern auf dem Blatt verschmieren oder mit dem Pinsel auf Papier vermalen.

Material: Lebensmittelfarben, 1 Ei und 1 Schüssel pro Farbe, Gabel, dicke Borstenpinsel, Papier (DIN A3)
Alter: ab 2 Jahren

Vorbereitung:
Die Eier werden in den Schüsseln aufgeschlagen und mit einer Gabel verquirlt.
Je nach gewünschter Farbintensität wird mehr oder weniger Lebensmittelfarbe hinzugefügt.

Durchführung:
Die Spielleitung faltet die Papierseiten einmal in der Mitte und klappt je eine Seite nach hinten weg. Die andere Hälfte bemalen die Kinder mit dem Pinsel oder mit den Fingern mit der glitschigen Eierfarbe.
Zum Schluss klappen sie gemeinsam mit der Spielleitung die frei gebliebene Hälfte des Papiers über die bemalte Fläche und streichen mit leichtem Druck darüber. Klappen die Kinder das Bild auf, hat sich ihr Gemälde verdoppelt!

Die Kritzelphase

Frisierte Bilder

Matschen und manschen tut der Entwicklung der Kreativität gut. Hier können die Kinder schwungvoll aus dem Arm heraus gestalten oder bereits Zickzacklinien ausprobieren.

Material: Tapetenrolle, Klebeband, Kleister, Fingerfarbe (s. S. 15), Kämme, verschiedene Bürsten, Teigschaber, Scheibenwischer u.ä. Materialien
Alter: ab 2 Jahren

Vorbereitung:
Auf dem Boden werden drei Bahnen Tapete ausgerollt und mit Klebeband am Boden fixiert. Die Spielleitung rührt den Kleister entsprechend der Verpackungsbeschreibung an und gießt einige kleine Kleister-Kleckse und einige größere Farbkleckse auf die Tapete.
Daneben legt sie Kämme, Bürsten, Teigschaber und Scheibenwischer bereit.

Durchführung:
Die Kinder verteilen die Farbkleckse mithilfe des Kleisters mit kreisenden Händen und Armen auf dem Papier. Um die Farbe besser hin und her schieben zu können, benutzen sie nach Belieben die bereit gestellten Materialien, die interessante Spuren in der Farbe hinterlassen. Wer kämmt ein tolles Muster in die Farbe?

Beerenstark

Matschen und Druckkoordination ergänzen sich, wenn Kinder Beeren auf der Malfläche zerdrücken und verreiben. Dabei spritzt die Farbe über die Malfläche und hinterlässt je nach Beerenart ihre farbige Spur auf dem Papier.

Material: Tapetenbahnen, Klebeband, verschiedene Beeren (Holunderbeeren, Johannisbeeren, Himbeeren, Brombeeren ...)
Alter: ab 2 Jahren

Die Tapetenbahnen werden auf dem Boden mit Klebeband fixiert.
Die Kinder nehmen sich verschiedene Beeren und zerdrücken sie mit ihren Händen auf dem Papier. Der Saft der Beeren dient als Farbe, die mit schwungvollen, schraubenden und kreisenden Bewegungen auf dem Papier verteilt wird.

Wachszauberbilder

Wie von Zauberhand entstehen bei diesem Angebot gleich zwei Bilder durch Reibung.

Material: 2 Bögen Papier pro Kind, Kreppklebeband, (alte) Wachsmalblöcke, Küchenreibe
Alter: ab 2,5 Jahren

Vorbereitung:
Die Spielleitung befestigt ein Blatt pro Kind mit Klebeband auf dem Tisch.
Über den fixierten Blättern zerreibt sie die Wachsmalblöcke auf der Reibe, sodass die Wachskrümel auf das Papier fallen.

Durchführung:
Die Kinder bedecken mit einem zweiten Blatt die Krümel und reiben mit unterschiedlichem Druck mit den Händen darüber.
Nehmen sie das Blatt zum Schluss herunter, entdecken sie auf beiden Blättern unterschiedliche Wachsspuren.

Bürstenparade

Kleine und dünne Malstifte sind ungeeignet für Kinder dieses Alters. Bürsten dagegen können sie mit ihren kleinen Händen gut halten. Mit den Quarkfarben lassen sich vor allem große Flächen leicht gestalten.

Material: Lebensmittelfarben oder Farbpigmente, 250 g Quark und 1 Schüssel pro Farbe, Raufasertapete, Klebeband, verschiedene Bürsten (z. B. Zahnbürste, Topfreiniger, runde Topfbürsten, Nagelbürste ...)
Alter: ab 2 Jahren

Vorbereitung:
Der Quark wird mit etwas Wasser zu einer sahnigen Masse angerührt, auf die Schüsseln verteilt und mit Lebensmittelfarben oder den Farbpigmenten eingefärbt.
Die Spielleitung befestigt eine Tapetenbahn mit Klebeband auf dem Boden und legt die Bürsten bereit.

Durchführung:
Die Kinder tauchen die Bürsten in die Quarkfarbe und bemalen mit ausholenden Armbewegungen die Tapete. Sie können die Farbe verspritzen, die Bürsten auf dem Papier hin und her drehen oder schieben, mit ihnen tupfen, darauf drücken oder sie aus verschiedenen Höhen herunter fallen lassen. Sie erproben dabei ihre Motorik und machen ihre eigenen Materialerfahrungen.

Der Deorollerstift

Einen Stift halten, mit einem Stift Druck ausüben und das Erproben von Bewegungsabläufen sind für die Weiterentwicklung des Kindes wichtig. Der Deorollerstift lässt sich gut greifen und ist leicht herzustellen.

Material: 1 leerer Deoroller pro Kind, Deckfarbe, Packpapier, verschiedene Papiere und Pappen (wellig, rau, weich, dünn)
Alter: ab 2,5 Jahren

Vorbereitung:
Die Spielleitung entfernt den Kugelkopf vom Deoroller und spült die Flasche gut aus.
Sie füllt den Deoroller mit der flüssigen Deckfarbe und setzt den Kugelkopf wieder auf die Flasche.

Durchführung:
Die Kinder halten den Roller in der Faust und malen damit über die verschiedenen Papiere und Pappen. Da die Farbe sehr leicht aus dem Roller gleitet und die Kinder den Stift ohne größeren Kraftaufwand über die Malfläche bewegen können, lassen sich die unterschiedlichen Widerstände auf der Malfläche deutlich wahrnehmen.

Der dicke Stift

Ein dicker Stift ist für Kinder immer besser in der Hand zu halten als ein dünner Stift. Aus mehreren dünnen Stiften entsteht mit einem kleinen Trick ein mehrfarbiger dicker Stift.

Material: viele Wachsmal- oder Buntstifte, Klebeband, Papierbögen (DIN A3)
Alter: ab 2,5 Jahren

Die Spielleitung bindet für jedes Kind drei bis vier Stifte mit Klebeband zu einem dicken Stift zusammen.
Die Kinder führen den Stift mit einer Faust oder auch mit zwei Händen über das Papier und erhalten gleich mehrere Linien! Malen sie Punkte, Kreise, Spiralen oder Zick-Zack-Linien, erscheinen diese immer in der Anzahl der zusammengebundenen Stifte.
Besteht der dicke Stift aus mehreren Farben, sieht das Bild schon bald sehr farbenfroh aus.

Quetschflaschenkunst

Bei diesem Malangebot experimentieren die Kinder mit Druckvariationen.

Material: 1 leere Quetschflasche pro Kind (Spülmittel-, Ketchup-, Shampooflaschen, Zahnpastatuben etc.), Temperafarbe, großflächiges Papier oder Pappe (DIN A3)
Alter: ab 2,5 Jahren

Vorbereitung:
Die Flaschen werden gründlich durchgespült und mit der Temperafarbe gefüllt. Die Malfläche wird mit den Papp- oder Papierbögen ausgelegt.

Durchführung:
Jedes Kind nimmt sich eine der Quetschflaschen, hält sie über die Malfläche und drückt mit ein oder auch mit zwei Händen darauf. Die so herausgepresste Farbe wird tupfend oder in großen Schwüngen auf dem Papier verteilt. Dabei ziehen die Kinder Kreise oder Spiralen, malen Zick-Zacke oder punktieren die Malfläche.
Das Drücken auf die Quetschflasche während des Malens stellt für die Kinder eine besondere motorische Herausforderung dar.

Sandzauber

Material: Kleister, Eimer, 1 Quetschflasche pro Kind (s.o. „Quetschflaschenkunst"), 1 Bogen buntes Tonpapier pro Kind, Klebeband, feiner Vogelsand
Alter: ab 2,5 Jahren

Vorbereitung:
Die Spielleitung rührt mit den Kindern den Kleister in einem Eimer entsprechend der Verpackungsbeschreibung mit Wasser an und füllt den Kleister in die leeren Quetschflaschen.
Das Tonpapier wird mit Klebeband auf Tischen oder auf dem Boden befestigt.

Durchführung:
Mit festem Druck führen die Kinder die Quetschflaschen mit einer Hand oder mit beiden Händen über ihre Malfläche. Dabei entweicht der glasklare Tapetenkleister, den sie als Spur kaum wahrnehmen. Schwingend und tupfend verteilen sie den Kleister auf dem Tonpapier.
Zum Schluss streuen die Kinder den Vogelsand über das gesamte Tonpapier.
Ist der Kleister getrocknet, führen die Kinder den „Sandzauber" aus: Mit Schwung drehen sie ihre Papierbögen mit der bemalten Fläche nach unten, sodass der meiste Sand herunterrieselt. Drehen sie die Bögen wieder herum, erscheinen lauter Sandzauberbilder: Der auf dem Kleister getrocknete Sand bringt ihre Malspuren zum Vorschein.

Hinweis: Statt der Quetschflaschen können auch einfache Klebstofftuben verwendet werden – die Kleistervariante ist allerdings kostengünstiger.

Die Kritzelphase

Farbige Flitzer

Alles was rollt macht Kindern Spaß. Wenn die rollenden Objekte dabei noch Spuren hinterlassen, fasziniert sie dies umso mehr.

Material: Packpapier, Klebeband, Tempera- oder Fingerfarbe (s. S. 15), mehrere flache Teller, Spielzeugautos
Alter: ab 2,5 Jahren

Die Spielleitung fixiert eine Bahn Packpapier mit Klebeband auf dem Boden und verteilt die Farbe so auf die Teller, dass sich jeweils eine kleine Lache bildet.
Die Kinder nehmen ihre Spielzeugautos und rollen sie über einen der Farbteller, sodass die Räder Farbe aufnehmen. Fahren sie nun mit ihren Autos über die Papierrennbahn, hinterlassen sie zahlreiche Reifenspuren auf dem Papier.

Wollkompositionen

Material: Wolle, Schere, Deckmalfarbe, Pinsel, 2 Bögen Zeichenpapier (DIN A4) pro Kind, mehrere dicke Kataloge
Alter: ab 2,5 Jahren

Die Spielleitung schneidet für jedes Kind einen Wollfaden von ca. 30 cm Länge ab.
Die Kinder färben ihren Wollfaden mit Farbe und Pinsel oder mithilfe der Hände ein.
Der gefärbte Faden wird zwischen zwei Bögen Zeichenpapier gelegt, wobei ein Fadenzipfel zwischen den beiden Papieren heraushängen muss. Die Spielleitung legt die Seiten mit dem Faden gemeinsam mit den Kindern zwischen die Seiten eines schweren Katalogs.
Die Kinder drücken mit aller Kraft auf den Katalog und ziehen den Faden dabei langsam zwischen den Seiten heraus. Sie werden von den Spuren, die der Faden auf dem Papier hinterlässt, begeistert sein.

Hinweis: Besonders wirkungsvoll sind Bilder, die mit mehreren Fäden gleichzeitig entstehen.

Spritzbilder

Material: Fingerfarben (s. S. 15), 1 Schüssel pro Farbe, 1 Wasserspritze pro Kind, Klebeband, Tapete
Alter: ab 2,5 Jahren

Vorbereitung:
Die Spielleitung gibt etwas Fingerfarbe in die Schüsseln und verdünnt die Farbe mit Wasser, sodass sie eine milchige Konsistenz erhält.
Mit der Farbwassermischung füllt sie die Wasserspritzen.
Auf dem Boden werden drei Bahnen Tapete nebeneinander mit Klebeband fixiert.

Durchführung:
Jedes Kind erhält eine gefüllte Wasserspritze und sprüht damit Farbspuren auf die Tapete. Das ist gar nicht so leicht – nicht nur die Wasserspritze muss bedient werden, sondern auch die Spritzrichtung muss stimmen! Zur Erleichterung können die Kinder beim Spritzen um das Bild herum oder auch über das Bild laufen.

Hinweis: Das Angebot sollte im Freien durchgeführt werden.

Materialdruck

Bei diesem einfachen Druckverfahren experimentieren die Kinder mit unterschiedlichen Druckstärken. Ganz nebenbei entstehen dabei farbige Spuren, die die verschiedenen Materialien auf dem Papier hinterlassen.

Material: Tapetenbahn, Klebeband, Fingerfarbe, Teller, verschiedene Druckgegenstände (Knöpfe, Schrauben, Schaumstoff, Wellpappe, Korken, Kartoffeln etc.)
Alter: ab 2,5 Jahren

Die Spielleitung fixiert die Tapetenbahn mit Klebeband auf dem Boden und stellt Teller mit Fingerfarbe bereit.
Die Kinder nehmen sich einen Druckgegenstand, tauchen ihn in die Farbe und drücken, schieben oder tupfen damit über die Malfläche. Mit welchem Gegenstand lässt sich der größte Abdruck machen, mit welchem der kleinste? Lassen sich alle gleich gut in der Hand halten? Wie viel Druck brauche ich für einen schwachen Abdruck, wie viel für einen kräftigen?

Die Kritzelphase

Malen mit Zuckerkreide

Zuckerkreide haftet ohne Druck auf den verschiedensten Materialien. Sie gleitet leicht über verschiedene Oberflächen, sodass die Kinder die unterschiedlichen Widerstände gut wahrnehmen können.

Material: farbige Tafelkreide, 2 TL Zucker, viele Flächen mit unterschiedlichen Strukturen (Asphalt, Holz, Pappe, Tonpapier, Strukturtapete, Tafel, Spanplatten, Stein etc.); evtl. Haarspray
Alter: ab 2,5 Jahren

Vorbereitung:
Die Kreide wird einige Stunden in 1 Tasse Wasser und dem Zucker eingeweicht.

Durchführung:
Die Kinder malen mit der Zuckerkreide über die verschiedenen Oberflächen. Die feuchte Kreide gleitet in ihrer Hand leicht darüber und hinterlässt bunte Spuren. Welche Oberfläche ist rauer, welche weicher? Über welche lässt es sich am einfachsten mit der Kreide fahren?

Hinweis: Mit Haarspray werden Zuckerkreidenbilder auf Pappe oder Papier fixiert.

Wachsbügelbilder

Wachsmalstifte sind als erster Malstift besonders geeignet, weil sie gut in der Hand liegen und dem kindlichen Experimentieren mit Druck standhalten.

Material: Pergament- oder Butterbrotpapier, Klebeband, Wachsmalstifte, Zeitungspapier, Bügeleisen
Alter: ab 2,5 Jahren

Das Pergamentpapier wird auf dem Tisch mit Klebeband fixiert.
Die Kinder malen mit ihren Wachsmalstiften auf das Pergamentpapier. Nach Möglichkeit tragen sie dabei die Farbe dick auf.
Sind die Kinder mit ihrem Bild fertig, löst die Spielleitung das Papier vom Tisch und legt es auf einen Zeitungsbogen. Über das Bild wird ein weiterer Bogen Pergamentpapier gelegt. Mit leicht erhitztem Bügeleisen gleitet die Spielleitung über das obere Pergamentpapier. Dabei beginnt die Farbe zwischen den Bögen zu schmelzen und es entsteht wie von Zauberhand ein neues, eigenes Muster auf beiden Bögen. Das Wachs saugt sich dabei so sehr in das Papier, dass es transparent wird.

Hinweis: Die transparenten Bilder eignen sich gut für Laternen, Windlichter oder Fensterbilder.

Die Vorschemaphase
Vom Kopffüßler zur differenzierten Menschendarstellung

Die Bildsprache des drei- bis vierjährigen Kindes

Ob sich Kinder bereits in der Vorschemaphase befinden oder noch nicht, lässt sich leicht feststellen: Ein Kennzeichen dafür ist das **Einhalten der Flächenkoordinaten**. Dies bedeutet, dass sie nicht mehr über den Rand der Malfläche hinausmalen, sondern den Blattrand als Begrenzung wahrnehmen.

Ein anderes Zeichen für diese Phase: Kinder bezeichnen ein buntes Farbengewirr auf ihrem Blatt als „Mama" oder „Papa". Hat die Zeichnung gerade noch den Vater dargestellt, kann die gleiche Zeichnung Sekunden später für die Katze, den Hund oder die Oma stehen. Rein von der Gestaltung unterscheidet sich dieses Bild jedoch noch nicht von den bisherigen Malwerken. Die Besonderheit dieser **sinnunterlegten Bilder** liegt darin, dass nun nicht mehr die Malbewegung im Vordergrund steht, sondern das Endprodukt. Dabei kann ein Außenstehender nichts anderes als ein zufälliges Liniengeflecht erkennen.

Wer in dieser Phase aufmerksam Bilder von Kindern betrachtet, wird bemerken, dass sie sich nun um das **Malen einzelner Formen** bemühen. Da jedoch die Feinmotorik der Hand noch nicht dem Willen der Kinder folgt, entstehen dabei Bilder, in denen sie unbewusst aus dem Urknäuel heraus nun das Schließen eines Kreises mit einer Linie üben. Bei genauem Hinschauen ist dabei zu erkennen, wie Kinder mit ihrer begonnenen Linie in einer Kreisbewegung den Ausgangspunkt wieder zu erreichen versuchen. Nach einigem Üben gelingt ihnen schließlich das Schließen des Kreises. Mit diesem Kreis wollen sie etwas ausdrücken – der Kreis „stellt etwas dar".

Eine andere Urform, die bereits in der Kritzelphase geübt wurde, ist das Kreuzen zweier Linien zu einer **isoliert stehenden Kreuzform**. Die Kinder trainieren das gezielte Kreuzen einer Senkrechten – stellvertretend für alles, was aufrecht steht – und einer waagerechten Linie – stellvertretend für alles Abstehende und Liegende. Durch diese Richtungsunterscheidung entsteht der **rechte Winkel**.

Aus diesen beiden Urformen, dem Kreuz und dem Kreis, entwickeln Kinder ihre gesamte Bildsprache. Von den ersten visuellen Eindrücken geprägt, der Gestalt der Mutter und des Vaters, entsteht eine menschliche Zeichnung. Sie besteht aus einem Kreis und strahlenförmig von ihm abstehenden Linien. Diese Figur wird in der Fachsprache **Kopffüßler** genannt. Auch er ist noch sinnunterlegt und steht für ein Ganzes (pars pro toto): für den Kopf und den Rumpf. Sein Inneres wird mit Linien und Punkten gefüllt, stellvertretend für Auge, Nase und Mund. Erst allmählich werden daraus Punkte für die Augen und ein senkrechter und ein waagerechter Strich für Nase und Mund.

Die Vorschemaphase

Erste Kopffüßler: runde Gebilde, von denen strahlenförmig Striche abstehen.

Richtungsunterscheidung: Die Arme des Kopffüßlers stehen waagerecht, die Beine senkrecht.

Auf dem Weg vom Kopffüßler bis hin zu einer differenzierten Menschendarstellung, die sich in Kopf, Rumpf und Extremitäten untergliedert, entstehen viele uns eigenartig erscheinende Übergangsformen. Sie hängen mit dem kindlichen Bewusstwerdungsprozess über den eigenen Körper zusammen. Setzten Kinder bisher Arme und Beine mangels Rumpf rechtwinklig am Kopf an, so beginnen sie, sobald sie ihren Bauch bewusst wahrnehmen, mit der **Trennung von Kopf und Rumpf**. Dabei entstehen wundersam anmutende Lösungen: Es entwickeln sich **leiterartige Körper**; Punkte werden zwischen am Kopf befindlichen Beinen angeordnet, um Nabel oder Knöpfe darzustellen;

Arme werden am Ende mit einem Kreis versehen als Zeichen dafür, „dass da noch etwas ist". Je mehr Kindern die Differenziertheit ihres Körpers bewusst wird, desto genauer malen sie die menschliche Figur. Dabei gehen sie sehr geschickt vor, denn sie malen den Menschen immer frontal in seiner prägnantesten Ansicht. Man spricht hier von der **Prägnanzdarstellung**.

Sobald sie in der Lage sind eine menschliche Figur zu malen, stellen sie diese auf dem Boden auf, d.h. im rechten Winkel zur Blattunterkante. Die Figuren schweben dabei oftmals noch frei im Raum.

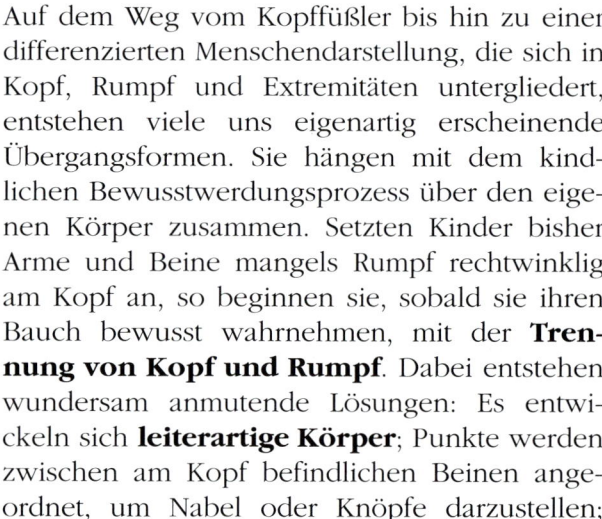

Leiterartige Körper: Verweis auf die Trennung von Kopf und Rumpf

Trennung von Kopf und Rumpf

Praktische Angebote, Techniken und Themen

Materialien

In der Vorschemaphase stehen in der Regel immer noch die zu beobachtenden Malspuren im Vordergrund. Hinzu kommt aber auch ein graphisches Interesse am Ergebnis des Bildes. Deshalb ist es im Vergleich zu den vorangegangenen Kapiteln ab jetzt wichtig, den Kindern

- viele **verschiedenartige Stifte** zur Verfügung zu stellen. Grundsätzlich sollten die Stifte dick und stabil und damit für Kinderhände gut zu halten sein, und sie sollten ohne großen Druck Spuren hinterlassen. Dicke Bunt- und Filzstifte, Wachsmalstifte bzw. -blöcke, Ölkreiden oder normale Kreiden decken diese Bedürfnisse ab.
- Neben den Stiften eignen sich auch **Pinsel und Farbkasten** (bevorzugt Farbkästen mit sechs großen Farbblöcken, in denen die Kinder genügend Platz zum Herumrühren haben). Bei den Pinseln sollte es sich um dicke Borstenpinsel handeln.
- **Fingerfarbe** oder Schultemperafarbe bleibt auch in dieser Phase ein interessantes Malmaterial.
- Da der graphische Gesichtspunkt in dieser Phase im Vordergrund steht, sind den Kindern Farben noch nicht so wichtig. Es genügt, wenn sie die **Grundfarben** Rot, Gelb und Blau zur Verfügung haben.
- Kinder in dieser Phase reißen, schneiden und kleben sehr gern, deshalb sind **Klebstoff** und **Kinderscheren** wichtig.
- Da die Kinder mit ihren Bildern in Serie gehen, genügt meistens **preiswertes Papier**, z.B. Kopierpapier.

Themen

In dieser Phase gibt es für Kinder nur ein Malthema: die **Darstellung des Menschen**. Kinder wollen sich den menschlichen Körper bewusst experimentierend und beobachtend erobern, deshalb macht es wenig Sinn, ihnen andere konkrete Malthemen vorzuschlagen. Wichtiger ist es, ihnen genügend interessante und **abwechslungsreiche Methoden** anzubieten, mit denen sie immer wieder aufs Neue herausgefordert werden, sich malend mit dem Thema Mensch zu beschäftigen. Dafür benötigen Kinder gezielt anregende Unterstützung, jedoch keine gestaltungsbeeinflussenden Korrekturen. Sie brauchen **Gestaltungsfreiheit**, um sich selbstständig erproben zu dürfen. Kinder erzählen Geschichten, auch wenn es uns aus den Bildern nicht ersichtlich zu sein scheint. Lassen wir uns diese Geschichten erzählen, **ohne die Bilder analysieren oder korrigieren zu wollen**.

Wenn Kinder dennoch von sich aus nach Malthemen fragen, können wir ihnen Themen nennen, die sie zur Beobachtung des menschlichen Körpers anregen:

- Male deine Familie;
- male deinen kleinen Bruder oder deine große Schwester;
- male deinen Papa oder deine Mama;
- male deine Puppe;
- male die Prinzessin aus einem vorgelesenen Märchen.

Wachsmalexperiment

Material: Wachsmalblöcke, dickeres Mal- oder Aquarellpapier (DIN A4), Wasserfarben, Borstenpinsel
Alter: ab 3 Jahren

Die Kinder experimentieren malend mit den Wachsmalblöcken: Sie hinterlassen kräftige oder schwache Spuren auf dem Papier, zeichnen Kreise, Kreuze oder Kopffüßler etc.
Haben sie ihr Bild vollendet, erhalten sie Wasserfarben und dicke Borstenpinsel, mit denen sie ihre Zeichnung übermalen. Dabei erleben die Kinder, wie ihre Malspur von der Wasserfarbe nicht abgedeckt wird, sondern auf den Wachskritzeleien abperlt.

Variante ab 5 Jahren

Die Kinder malen nach einer Themenvorgabe, die die Leuchtkraft der Wachsfarben unterstreicht, z.B. „Menschen im Regen". Dabei malen die Kinder die Figuren mit möglichst bunten Wachsmalfarben. Den Hintergrund gestalten die Kinder mit grauer, brauner, dunkelblauer oder schwarzer Wasserfarbe aus.

Unsichtbare Malerei

Zauberbilder aller Art motivieren Kinder beim Malen!

Material: dickeres Mal- oder Aquarellpapier (DIN A4), Klebeband, 1 Kerzenstummel pro Kind, Wasserfarben, 1 dicker Borstenpinsel pro Kind
Alter: ab 3 Jahren

Die Spielleitung fixiert das Papier mit Klebeband auf dem Maltisch.
Die Kinder malen mit dem Kerzenstummel wie mit einem Wachsmalblock frei auf ihr Papier – jedoch ohne die Spuren zunächst erkennen zu können!
Haben sie die unsichtbare Malerei beendet, malen sie ihr weißes Blatt mit Wasserfarbe und Pinsel bunt an. Vielleicht kommt dabei der ein oder andere Kopffüßler zum Vorschein?

Geisterspuren

Material: Tinte, Borstenpinsel, Zeichen- oder Kopierpapier, Klebeband, 1 Tintenkiller pro Kind
Alter: ab 3 Jahren

Die Spielleitung färbt mit der Tinte und einem Borstenpinsel mehrere Bögen Papier ein und fixiert diese auf der Malfläche mit Klebeband. Jedes Kind erhält einen Tintenkiller, mit dem es auf der Tintenleinwand malend experimentieren kann. An den Stellen, an denen die Kinder auf der Tusche malen, verschwindet der dunkle Hintergrund und die helle Papierfarbe kommt zum Vorschein. Kleine Kopffüßler heben sich dabei wie Geister in der dunklen Nacht von dem getuschten Papier ab.

Gesichtscollage

Hier lernen die Kinder, sich ein Gesicht ganz genau anzusehen und seine Einzelheiten selbstständig zu erfassen.

Material: 1 Bogen Kopierpapier pro Kind, Klebeband, Filzstifte, Kataloge oder Zeitschriften, Kinderscheren, Klebestifte
Alter: ab 3 Jahren

Die Spielleitung befestigt die Papierbögen mit Klebeband auf dem Maltisch.
Jedes Kind erhält einen Filzstift und malt damit einen großen Kreis als Kopf über die gesamte Papierfläche.
In einem zweiten Schritt suchen die Kinder aus Katalogen und Zeitschriften Gesichter heraus. Sie schneiden die Teile aus, die sie für ihren Kopf zu benötigen glauben: Mund, Augen, Nase, Haare, Ohren ... Fehlt noch etwas? Die Kinder kleben diese nach ihren Vorstellungen in, an oder um den Kreis herum.

Handmenschen

Dieses Angebot sensibilisiert Kinder für die Anordnung der Extremitäten: Wo und an welcher Stelle sind Hände, Arme und Beine mit dem Körper verbunden?

Material: 1 Bogen Zeichenpapier pro Kind (DIN A3), Fingerfarbe (s. S. 15), mehrere Teller, Filzstifte, Buntstifte, Scheren, Klebeband
Alter: ab 3 Jahren

Die Spielleitung fixiert das Papier im Breitformat mit Klebeband auf der Malfläche und stellt die Fingerfarbe auf die Teller verteilt bereit.
Die Kinder malen zunächst mit einem Filzstift einen großen Kreis in die obere Hälfte ihres Blattes.
Nun tauchen sie beide Hände in einen Teller mit Fingerfarbe und machen mit ihren farbigen Händen rechts und links vom Kreis einen Abdruck. Entlang des unteren Blattrandes drucken sie ihre beiden Füße ab. Die Aufgabe für die Kinder besteht nun darin, dem Kreis ein Gesicht zu geben und die Hände und Füße mit dem Kopf auf irgendeine Art zu verbinden.

Freche Handgesichter

Material: Fingerfarbe (s. S. 15), mehrere Schalen, Malpapier, Filzstifte
Alter: ab 3,5 Jahren

Die Spielleitung stellt den Kindern Fingerfarben in unterschiedliche Schalen gefüllt in den Grundfarben zur Verfügung.
Die Kinder tauchen eine Hand in die Farbe und drucken damit auf ihren Bogen Malpapier.
Der getrocknete Abdruck gibt die Form für ein Gesicht vor, das die Kinder mit Filzstiften – je nach Differenziertheit ihrer Wahrnehmung – mit Nase, Mund, Augen, Ohren und Haaren vervollständigen.

Spiegelverkehrt

Bei diesem Angebot entstehen gleich zwei Bilder auf einmal: eines auf der Vorder- und eines auf der Rückseite.

Material: Kopierpapier, Pauspapier, 1 weicher Bleistift pro Kind
Alter: ab 3,5 Jahren

Die Spielleitung legt für jedes Kind einen Bogen Kopierpapier auf das Pauspapier.
Die Kinder erhalten einen weichen Bleistift und malen damit Figuren auf das Papier.
Haben die Kinder ihr Bild beendet, dreht die Spielleitung gemeinsam mit ihnen das Bild auf die andere Seite, sodass sie es spiegelverkehrt betrachten können.

Punkt an Punkt

„Pointilistische Bilder" setzen sich aus lauter kleinen Punkten zusammen. Sie entstehen z.B., wenn Kinder mit Wachsmalstiften auf Schmirgelpapier malen.

Material: je 1 Bogen grobes Schmirgelpapier und Kopierpapier (DIN A4) pro Kind, Wachsmalstifte, Zeitungspapier, Bügeleisen
Alter: ab 3,5 Jahren

Die Kinder erhalten alle einen Bogen Schmirgelpapier und malen darauf mit den Wachsmalstiften ein Bild.
Haben sie ihre Zeichnungen beendet, legt die Spielleitung jeweils einen Bogen Kopierpapier über die Schmirgelpapierblätter. Beide Blätter werden zwischen Zeitungspapier gelegt und in Anwesenheit der Kinder mit schwacher Hitze gebügelt. Dabei verwandeln sich die Bilder zu effektvollen Punktebildern.

Gedruckte Kopffüßler

Styroporplatten sind das ideale Material, um bereits mit kleineren Kindern selbst gemalte Motive zu drucken.

Material: 1 Depronplatte pro Kind (Styroporplatte aus dem Baumarkt), Kugelschreiber, Linoldruckfarbe (Künstlerbedarf), Farbwalze (Linoldruckwalze), Glasplatte, Kopierpapier
Alter: ab 3,5 Jahren

Alle Kinder erhalten eine Schaumstoffplatte und einen Kugelschreiber, mit dem sie auf die Platte malen. Sie können mit dem Kugelschreiber auf die Platte einstechen oder einfach drauflos ritzen, als würden sie auf der Platte herumkritzeln. Dabei hinterlässt der Kugelschreiber Vertiefungen in der Platte: ein Druckstock entsteht. Die Spielleitung verteilt mit der Farbwalze Druckfarbe auf der Glasplatte. Nacheinander erhalten die Kinder die Walze, mit der sie über ihren Druckstock rollen, bis dieser mit Farbe angereichert ist.
Auf den eingefärbten Druckstock legen die Kinder einen Bogen Kopierpapier und drücken das Papier mit ihrer Hand auf den Druckstock. Beim Abziehen des Blattes erscheint der Druck!

Knetabdruck

Material: Wachs- oder Lacktischdecke, Knetmasse, Teigroller, Stifte oder Modellierhölzer, Fingerfarbe (s. S. 15), Borstenpinsel, Zeichenpapier
Alter: ab 3,5 Jahren

Die Wachstischdecke wird auf dem Tisch ausgelegt und die Knetmasse an die Kinder verteilt. Sie kneten diese gründlich durch, schlagen oder drücken die Knete platt und rollen sie mit dem Teigroller zu einer glatten Fläche von ca. 0,5 cm Dicke aus.
Diese Knetplatte verwenden die Kinder als Druckstock und ritzen mit einem Stift oder Modellierholz ein Motiv hinein.
Gemeinsam mit der Spielleitung tragen sie auf den fertigen Druckstock mit dem Pinsel Fingerfarbe auf. Darauf legen sie ein Zeichenblatt und streichen sanft über das Papier.
Ziehen sie das Zeichenpapier vorsichtig wieder ab, erscheint das Motiv spiegelverkehrt und als Negativ.

Klebestreifen-Gesichter

Gesichter und Figuren können nicht nur gemalt, sondern auch geklebt werden. Die Kinder erforschen dadurch neue Techniken.

Material: Kreppklebeband, Malpapier, Fingerfarbe (s. S. 15; alternativ: Eifarbe s. S. 25 oder Quarkfarbe s. S. 27 „Bürstenparade"), flache Teller
Alter: ab 3,5 Jahren

Die Kinder kleben mit dem Kreppklebeband z. B. ein Gesicht oder eine menschliche Figur auf das Malpapier.
Die Spielleitung stellt die Fingerfarben in flachen Tellern zur Verfügung. Die Kinder malen mit ihren Fingern das ganze Blatt bunt aus, bis das geklebte Motiv unter der Farbe verschwunden ist.
Ist die Farbe getrocknet, ziehen die Kinder mithilfe der Spielleitung das Kreppklebeband vorsichtig vom Papier ab: Das Klebemotiv wird sich leuchtend weiß gegen die Farbe abheben.

Schnipsel-Figuren

Material: Buntpapier, Kopierpapier, Klebestifte, Filzstifte
Alter: ab 3,5 Jahren

Die Kinder reißen das Buntpapier in kleine Schnipsel und kleben daraus den Rumpf eines Menschen auf das Kopierpapier.
Mit den Filzstiften malen sie Arme, Beine und einen Kopf an den Rumpf und vervollständigen ihn so zu einer menschlichen Gestalt.

Variante

Statt der Papierschnipsel verwenden die Kinder getrocknete bunte Herbstblätter oder Farbkleckse als Grundlage für den Rumpf.

Spritztechnik

Material: farbiges Tonpapier (in einer Farbe), Schere, Zeichenpapier, Sieb, 1 Zahnbürste pro Kind, Wasserfarbe; evtl. Kreppklebeband
Alter: ab 3,5 Jahren

Die Spielleitung schneidet aus dem Tonpapier verschieden große Dreiecke, Quadrate und Kreise aus.
Diese Formen fügen die Kinder auf dem Zeichenpapier in einer Art Collage zu unterschiedlichen Gesichtern oder Figuren zusammen.
Sie färben eine Zahnbürste mit Wasserfarbe ein, halten das Sieb über das Blatt und reiben mit der Zahnbürste darüber, sodass die Farbe über das Papier spritzt.
Ist die Farbe getrocknet, nehmen sie die Formen vom Papier herunter, sodass die Gesichter und Figuren sichtbar werden.

Hinweis: Verrutschen die Formen beim Spritzen noch zu schnell, können sie mit Kreppklebeband locker festgeklebt werden.

Die Vorschemaphase

Verrückte Körpercollagen

Auf einfache Art und Weise setzen sich Kinder in diesem Angebot mit dem menschlichen Körper auseinander.

Material: Kopierpapier, Klebeband, Filzstifte, Kataloge oder Zeitschriften, Kinderscheren, Klebestifte
Alter: ab 3,5 Jahren

Die Spielleitung fixiert das Kopierpapier im Hochformat mit Klebeband auf dem Maltisch. Mit den Filzstiften malen die Kinder so differenziert wie möglich ein Gesicht auf die obere Hälfte des Papiers.
Aus den Katalogen suchen sie sich zu ihrem Gesicht verschiedene Figuren und schneiden sie aus. Von der ersten Figur nehmen sie den Oberkörper, von der zweiten die Beine und von der dritten die Füße bzw. die Schuhe ... Wer hat am Ende die verrückteste Körpercollage zusammengestellt?

Wie sehe ich aus?

Hier geht es um die spielerische Auseinandersetzung des Kindes mit dem eigenen Gesicht.

Material: Kopierpapier, Wachsmalstifte, 1 kleiner Taschenspiegel pro Kind oder ein großer Wandspiegel; evtl. Tapetenbahn, Klebstoff
Alter: ab 3,5 Jahren

Die Kinder erhalten einen Bogen Papier und einen Wachsmalstift. Alle nehmen einen kleinen Spiegel zur Hand oder setzen sich vor einen Wandspiegel und betrachten eingehend ihre Gesichter, bevor sie mit ihrem Selbstportrait beginnen. Dabei lernen sie ihr Gesicht spielerisch kennen und können sich immer wieder im Spiegel die Anordnung von Augen, Nase, Mund, Haaren und Ohren vergegenwärtigen.

Variante

Die Kinder bilden Paare und malen sich gegenseitig. Alle Porträts werden zum Schluss ausgeschnitten und zu einem Gruppenbild auf eine große Tapetenbahn geklebt.

Die Vorschemaphase

Fenstergesichter

Material: Fingerfarbe (s. S. 15), Fenster oder Glastüren; evtl. Overheadfolien und -stifte, Zeitschriften, Wandspiegel
Alter: ab 4 Jahren

Die Kinder bilden Paare. Sie öffnen ein Fenster oder eine Glastür und stellen sich so auf, dass sie sich durch die Scheibe hindurch ansehen können.
Während das eine Kind mit seinem Gesicht so nah wie möglich an das Fenster herangeht, umfährt das andere Kind mit der Fingerfarbe auf der Scheibe die Umrisse seines Gesichts: den Kopf, die Augen, die Ohren, die Nase, den Mund, die Haare, vielleicht auch eine Brille.
Ist das erste Porträt fertig, tauschen die Kinder die Rollen.

Varianten

- Die Kinder legen eine Overheadfolie über ein Gesicht in einer Zeitschrift und malen darauf mit Overheadstiften Kopf, Auge, Mund und Nase nach.
- Statt ihr Gegenüber auf der Fensterscheibe zu malen, malen sich die Kinder selbst auf einem Wandspiegel.

Fingerkerle

Hier besteht die Schwierigkeit beim Porträtmalen darin, das Gesicht in einen kleinen Umriss zu malen.

Material: Fingerfarben in den Grundfarben (s. S. 15), mehrere Schalen, Kopierpapier, Filzstifte
Alter: ab 4 Jahren

Die Spielleitung verteilt die verschiedenen Fingerfarben auf die Schalen und legt das Papier bereit.
Die Kinder tauchen einen Finger in die Fingerfarbe und drucken damit viele kleine Punkte auf ihr Papier. Jeder Punkt steht für einen kleinen Kopf, den die Kinder mit den Filzstiften durch Augen, Nase und Mund vervollständigen, sobald die Farbe getrocknet ist. Sicher erhalten manche Fingerkerle auch schon Ohren, Haare und vielleicht sogar Arme und Beine.

Kussgesichter

Material: Filzstifte, Kopierpapier, (alte) Lippenstifte
Alter: ab 4 Jahren

Die Kinder malen mit den Filzstiften einen großen Kreis auf ihr Papier.
Sie malen sich mit den Lippenstiften gegenseitig oder vor dem Spiegel die Lippen rot an und drücken ihren leuchtend roten Kussmund auf das Blatt in den Kreis. Jetzt fehlen dem Kussgesicht nur noch Augen und Nase, die die Kinder mit Filzstift ergänzen.

Die Vorschemaphase

Eine runde Sache

Runde Formen inspirieren die Kinder zur Gestaltung von Gesichtern.

Material: Runde Gegenstände (z. B. Luftballons, Käseschachteln, Steine, Pappteller etc.), Fingerfarben (s. S. 15), Bastelmaterialien (z. B. Tonpapier, Wolle, Bast etc.), Kinderscheren, Klebstoff
Alter: ab 4 Jahren

Jedes Kind sucht sich einen der runden Gegenstände aus und malt darauf mit den Fingerfarben ein Gesicht.
Die fertigen Gesichter werden mit den Bastelmaterialien um Haare, Ohren, Brille oder Schmuck ergänzt.

Bauklotzfiguren

In dieser Phase setzen sich Kinder mit den Grundformen auseinander und entwickeln daraus zunehmend ihre eigenen Bildwelten.

Material: Bauklotzkasten
Alter: ab 4 Jahren

Die Kinder legen aus einer großen Anzahl von dreieckigen, viereckigen und runden Bauklötzen Gesichter. Die runden Klötze werden zu Augen, die dreieckigen zur Nase und die viereckigen zum Mund – oder genau umgekehrt?

Variante

Die Kinder legen mit den Bausteinen menschliche Figuren: Ein kleiner runder Klotz stellt den Kopf dar, ein großer viereckiger den Rumpf, längliche Klötze Arme und Beine ...

Die Schemaphase
Motive und Bildinhalte schematisch einüben

Die Bildsprache des fünf- bis siebenjährigen Kindes

Wenn Kinder sich von der Darstellung des Kopffüßlers verabschiedet haben und zur Kopf-Rumpf-Trennung übergegangen sind, ist ein bedeutender Schritt getan. Nun beginnt eine besonders spannende Zeit in der Entwicklung der Kinderzeichnung. Keine andere Phase ist von so vielen Zeichenversuchen geprägt, denn jetzt beginnt das **bewusste Darstellen von Objekten**. Dabei differenzieren die Kinder in ihren Bildern zunehmend zwischen Mensch, Tier, Baum, Haus, Blume oder Auto. Dies sind die nun vorherrschenden Motive, die das Kind in seinen Bildern aufgreift. Sie alle entwickeln sich aus dem vorausgegangenen Kopffüßler (s. S. 33).

Allmählich entstehen komplexere Szenerien, die einem bestimmten Bildaufbau unterliegen. Haben die Kinder bisher wild über das Papier gemalt, beginnen sie nun damit, ein Ordnungssystem in ihr Bild zu bringen. Es entwickelt sich das **Standlinienbild**, bei dem alle gemalten Gegenstände auf dem unteren Blattrand als Aufstellkante – stellvertretend für den Boden – aufgerichtet werden. Die obere Blattkante stellt den Himmel dar. Damit unterscheiden die Kinder ein Oben und ein Unten und bewältigen so die erste **Richtungsdifferenzierung**. Gleichzeitig beginnen Kinder in der Schemaphase, ihre Figuren nebeneinander auf einer Ebene aufzureihen. Es entstehen so genannte **Reihungsbilder**.

Standlinienbild: Alle Figuren und Gegenstände werden parallel zur unteren Blattkante aufgestellt.

Diese entwickeln sich mit der Zeit zu **additiven Darstellungen**, in denen komplexe Szenen gelöst werden, indem die beobachteten Situationen nebeneinander aufgereiht werden. Der Betrachter muss dabei die verschiedenen Darstellungen miteinander verbinden, um das Bild zu verstehen.

Wenn Kinder bewusst Boden, Luft und Himmel wahrnehmen, verstärkt sich das Ordnungsgefüge und es kommt zu so genannten **Streifenbildern**. Sie zeichnen sich durch eine Einteilung in drei Streifen aus: Der untere Streifen, meist grün oder braun angemalt, steht für die Wiese oder den erdigen Boden. Den oberen Streifen malen die Kinder meist blau. Er stellt den Himmel dar und beheimatet Sonne, Mond und Sterne. Der dazwischen liegende Streifen bleibt farblos – stellvertretend für die Luft. Hier wird alles platziert, was fliegen kann. Dies gilt für den herbstlichen Drachen ebenso wie für Regentropfen, Maikäfer, Vögel oder Wolken.

Additive Darstellung (nebeneinander aufgereihte Gegenstände und Figuren) und Streifenbild (Trennung von Himmel, Luft und Wiese)

Eine weitere Besonderheit in der Kinderzeichnung stellt das so genannte **Röntgenbild** dar. Dies ist ein fantastischer Kunstgriff, um Dinge transparent zu machen: Wollen Kinder z. B. zeigen, was sich in einer komplexen Szene im Hausinnern abspielt, schneiden sie dieses einfach im Längsschnitt auf und der Betrachter erhält einen Einblick in die einzelnen Etagen. Das gleiche gilt für den Inhalt eines Korbs oder einer Tasche. Die Kinder schneiden die Gegenstände auf und machen sie somit transparent.

Röntgenbild: Der Schiffsrumpf erscheint transparent und gibt so seinen Inhalt preis.

Ein anderer Kunstgriff ist die **Bedeutungsperspektive**. Kinder verfügen noch nicht über realistische Größenunterscheidungen, sondern malen alle Objekte und Figuren gleich groß. Gewinnt jedoch eine Sache, ein Erlebnis oder eine Person an Wichtigkeit, wird dies besonders groß dargestellt, während Unwichtiges daneben winzig erscheint.

Bedeutungsperspektive: Die Blumen erscheinen überproportional groß zum Haus.

Die Schemaphase

Für eine andere Art prägnanter Darstellung bedienen sich Kinder nach wie vor der Frontalansicht. Doch neben dem Menschen wollen nun auch neue Motive wie z. B. ein fliegender Vogel prägnant dargestellt sein. Da der Vogel zwei Flügel hat, genügt es Kindern nicht, nur den Flügel zu malen, der von der seitlichen Perspektive aus sichtbar ist. Statt dessen klappen sie den fliegenden Vogel einfach in die senkrechte Fläche und machen somit beide Flügel sichtbar. Ebenso verfahren sie mit einem Tisch, auf dem ein Deckchen mit einer Vase darauf liegt. In der Kinderzeichnung erscheint über der Tischkante hochgeklappt das Deckchen, und auf der so entstandenen neuen Aufstelllinie die Vase. Dieser Kunstgriff wird in der Fachsprache **Klappbild** genannt.

Räumlichkeit spielt für Kinder in dieser Phase noch keine Rolle. Sie beginnen erst die **flächige Körperlichkeit** für sich zu erobern. Aber darin versuchen sie bereits bei fortgeschrittener zeichnerischer Entwicklung **Bewegung auszudrücken**. Die dazu notwendige Seitenansicht stellt sie allerdings vor allem bei der Menschendarstellung im Profil vor ein Problem, denn sie müssen sich von ihrer Prägnanzdarstellung in der Frontalansicht lösen. In der Erarbeitung der Profildarstellung entwickeln Kinder die abenteuerlichsten Mischungen zwischen Frontal- und Profilansicht. Es entstehen die so genannten **Mischprofile**. Manchmal erscheint es so, als wollten Kinder dabei ein Gesicht so malen, als würden sie um den Menschen herumlaufen, um ihn gleichzeitig von der Seite und von vorn darzustellen, was als **Simultanperspektive** bezeichnet wird.

All diese Besonderheiten treten in so genannten **Situationsbildern** auf, in denen Kinder von Erlebnissen in ihrer Umgebung berichten. Die Bilder sind geprägt durch die Motive Mensch, Haus, Baum, Blume und Tier, auf die im Folgenden genauer eingegangen wird.

Klappbild: Sich verdeckende Figuren und Gegenstände werden von der horizontalen in die vertikale Ebene geklappt – der Teich „steht" auf der Wiese und das Boot auf dem Teich.

Praktische Angebote, Techniken und Themen

Materialien

Da die Kinder immer mehr darum bemüht sind, sich graphisch Formen von Gegenständen oder Lebewesen zu erobern und es ihnen wichtig ist, diese so deutlich wie möglich darzustellen, eignen sich am besten Zeichenmaterialien wie **Buntstifte, Bleistifte oder Filzstifte**.

Themen

In dieser Phase versuchen die Kinder fast alle erlebten Situationen, Ereignisse oder Geschichten malerisch zu verarbeiten (s.o.: „Situationsbilder"). Damit beginnt die Zeit, in der Kinder zu Malthemen Zugang finden. Dazu bieten sich an:

- **eigene Erlebnisse**, z.B. Zirkusbesuch, Kasperletheater, Obsternte, Zahnarztbesuch, Urlaub, Besuch im Zoo oder ein einfacher Einkaufsbummel;
- die **Umgebung** der Kinder, z.B. Garten, Haus, Tiere, Kindergarten, Schule usw.;
- **Fahrzeuge**, z.B. Auto, Bus, Zug, Bagger, Kran oder auch Flugzeuge;
- **Märchen, Geschichten** oder **Bilderbuchbetrachtungen**.

Menschendarstellungen

Kopf und Rumpf sind bereits voneinander getrennt. Die **Differenzierung des Kopfes** beginnt. Zu den Augen kommen nun Augenbrauen, statt einem Strichmund sind Lippen zu erkennen und Ohren vervollständigen das Gesicht. Auch Haare oder ein Bart wecken die Aufmerksamkeit der Kinder. Dabei sind lange Haare den Frauen vorbehalten und kurze Haare den Männern. Die Kinder unterscheiden mit diesem Hilfsmittel in ihren Bildern das Geschlecht.

Kopf und Rumpf werden nun durch den **Hals** verbunden. Die Arme erhalten allmählich **abzählbare Finger**, die wie **Strahlensterne** oder **Blumen** von den Armen abstehen.

Das Kind malt bereits Arme mit Doppelstrichen, füllt die Kleidung mit Farbe aus und unterscheidet die Geschlechter durch Lang- und Kurzhaarfrisuren.

Die **Füße** werden im rechten Winkel nach rechts und links gestellt. Sobald die Füße in die gleiche Richtung zeigen, wird bereits eine Bewegungsrichtung angedeutet. Stehen die Arme nicht mehr im rechten Winkel zum Rumpf, beginnen auch hier die ersten Bewegungsdarstellungen: Die Arme werden gebogen, zum Himmel oder in eine andere Richtung gestreckt. Außerdem bestehen Arme und Beine nicht mehr nur aus einem Strich, sondern zunehmend aus einem Doppelstrich: der Beginn der **Kleiderdarstellung**. In einem Rückgriff auf traditionelle Bekleidungsformen erhält der Mann eine Hose und die Frau einen Rock zur deutlichen Geschlechterdifferenzierung.

Darüber hinaus perfektionieren sie die menschliche Darstellung durch **Accessoires** wie Hut, Stock oder Knöpfe.

Das Kind erprobt sich in der Menschendarstellung und versucht durch dreieckige Körper den Menschen Kleidung zu geben. Die Füße zeigen bereits in eine Richtung, sodass sich eine erste Bewegungsdynamik entwickelt.

Die Schemaphase

Menschen aus Alltagsmaterialien

Material: Alltagsmaterialien (z.B. Büroklammern, Nudeln, Knöpfe, Schachteln, Dosen, Wäscheklammern, Kastanien, Watte usw.); evtl. Klebstoff, Tonkarton, Hülsenfrüchte, Körner
Alter: ab 5 Jahren

Die Kinder legen aus den Alltagsmaterialien menschliche Figuren. Dabei müssen sie überlegen, welche Materialien sich zum Darstellen bestimmter Körperteile am besten eignen. Da wird ein Knopf zum Kopf, aus den Büroklammern werden die Füße, aus Spaghetti-Nudeln die Arme ...

Varianten

- Die Kinder sammeln bunte Herbstblätter. Aus diesen legen sie menschliche Figuren und fixieren sie mit Klebstoff auf Tonkarton.
- Die Figuren werden aus Hülsenfrüchten und verschiedensten Körnern gelegt.

Wollumriss

Dieses Angebot will Kindern den Weg zur Doppelstrichdarstellung eröffnen.

Material: Filzstifte, Tonpapier, Wolle, Klebstoff
Alter: ab 5 Jahren

Die Kinder malen mit Filzstift einen Kopf auf das Tonpapier.
Aus der Wolle legen sie den Umriss des zugehörigen Körpers. Dazu beginnen sie mit dem Fadenanfang am Kopf und legen den Umriss aus einem Fadenstück, ohne eine Schere zu benutzen.
Mit dem Klebstoff wird die Wolle auf dem Tonpapier fixiert.

Körperposter

In diesem Angebot werden Zusammenhänge zwischen Kopf, Rumpf, Armen und Beinen und die Plastizität des menschlichen Körpers sichtbar gemacht.

Material: Tapete, Klebeband, Wachsmalstifte, Fingerfarbe (s. S. 15), Pinsel
Alter: ab 5 Jahren

Die Spielleitung befestigt mehrere Tapetenbahnen mit Klebeband auf dem Boden.
Die Kinder bilden Paare. Jeweils eines der Kinder legt sich auf die ausgerollte Tapete. Sein Partner umfährt seinen Körper auf der Tapete mit einem Wachsmalstift. Anschließend werden die Rollen getauscht.
Sind beide Umrisse fertig, vervollständigen die Kinder ihr Gesicht auf der Tapete mit Fingerfarbe und Pinsel mit Augen, Nase und Mund und bemalen den Körper mit Kleidungsstücken.

Variante

Um das Bewusstsein der Kinder auf das genaue Aussehen der eigenen Hand zu leiten, bietet sich ein Handumriss an. Diesen vervollständigen sie mit Fingernägeln und Schmuck.

Gruppenbild

Material: Raufasertapete, Schere, Maßband, Klebeband, Lampe, dicker Filzstift, Fingerfarbe (s. S. 15), Pinsel
Alter: ab 5 Jahren

Die Kinder rollen gemeinsam mit der Spielleitung sechs 1,60 m lange Tapetenbahnen längs nebeneinander mit der Malseite nach unten auf dem Boden aus. An der Rückseite fixieren sie die Bahnen mit Klebeband aneinander. Die so entstandene Leinwand wird an einer großen Wand befestigt.
Sechs Kinder stellen sich ungefähr 70 cm von der Wand entfernt vor der Leinwand in möglichst verschiedenen Körperhaltungen auf (in der Hocke sitzend, einen Schritt machend, die Arme streckend, im Profil usw.). Die Spielleitung richtet die Lampe so aus, dass die Kinder direkt davon angestrahlt werden und ihre Schattenumrisse auf der Leinwand gut zu erkennen sind. Die Umrisse umfährt die Spielleitung oder ein weiteres Kind mit einem dicken Filzstift.
Sind die Umrisse auf der Leinwand fixiert, malen die Kinder ihren eigenen Körperumriss mit Gesicht, Haaren, Kleidung usw. mit Fingerfarbe und Pinsel bunt aus.

Riesengroß

Bei der Gestaltung des Riesen entwickeln Kinder ein Verhältnis zu unterschiedlichen Proportionen.

Material: Raufasertapete, Schere, Maßband, Klebeband, Fingerfarbe (s. S. 15) oder Temperafarbe, Pinsel
Alter: ab 5 Jahren

Gemeinsam mit der Spielleitung kleben die Kinder zwei 2,50 m lange Tapetenbahnen der Länge nach auf der Rückseite aneinander und fixieren sie mit Klebeband auf dem Boden.
Die Kinder malen alle zusammen auf die große Leinwand einen Riesen. Die Spielleitung weist darauf hin, dass die Haare des Riesen den oberen Leinwandrand und die Füße den unteren Leinwandrand berühren sollen. Das bedeutet für die Kinder, sich auf die gesamte Malfläche auszudehnen und sich damit auf ein neues Malformat einzulassen.
Zum Größenvergleich legt sich abwechselnd immer ein Kind neben die Leinwand: Wie weit überragt es der Riese bereits? Werden auch sein Kopf, seine Augen, seine Hände und Füße „Riesengroß"?

Augen-Blick

Material: 1 Handspiegel pro Kind, Zeichenpapier (DIN A4), Filzstifte
Alter: ab 5 Jahren

Die Kinder sehen sich im Spiegel ihre Augen ganz genau an. Aus welchen Teilen besteht ein Auge? Wie sieht die Pupille aus? Welche Farbe hat die Iris?
Mit den Filzstiften zeichnen sie eines ihrer Augen im Großformat auf das Papier, sodass es die gesamte Malfläche einnimmt. Worin unterscheidet sich wohl das eigene Auge von den Augen anderer?

Schminken

Beim Schminken schauen die Kinder immer wieder in den Spiegel und vertiefen so ihre Kenntnisse der Details eines Gesichts.

Material: Vaseline, Schminkstifte und -farben, Spiegel
Alter: ab 5 Jahren

Alle Kinder cremen sich das Gesicht mit Vaseline ein.
Die Kinder bilden Paare. Abwechselnd schminken sie sich gegenseitig das Gesicht. Dabei geht es weniger um das Schminken nach Vorlage als um den experimentellen Umgang mit Farbe auf der Haut.
Vielleicht erhält jeder Teil des Gesichts eine andere Farbe? Die Lippen werden gelb, die Wangen grün, die Stirn blau und die Nase rot ... Wer mag, lässt sich einen Bart, eine Brille oder eine Augenklappe malen. Aber auch konkrete Figuren regen zum Schminken an: Prinzessin, Clown, Pirat usw.

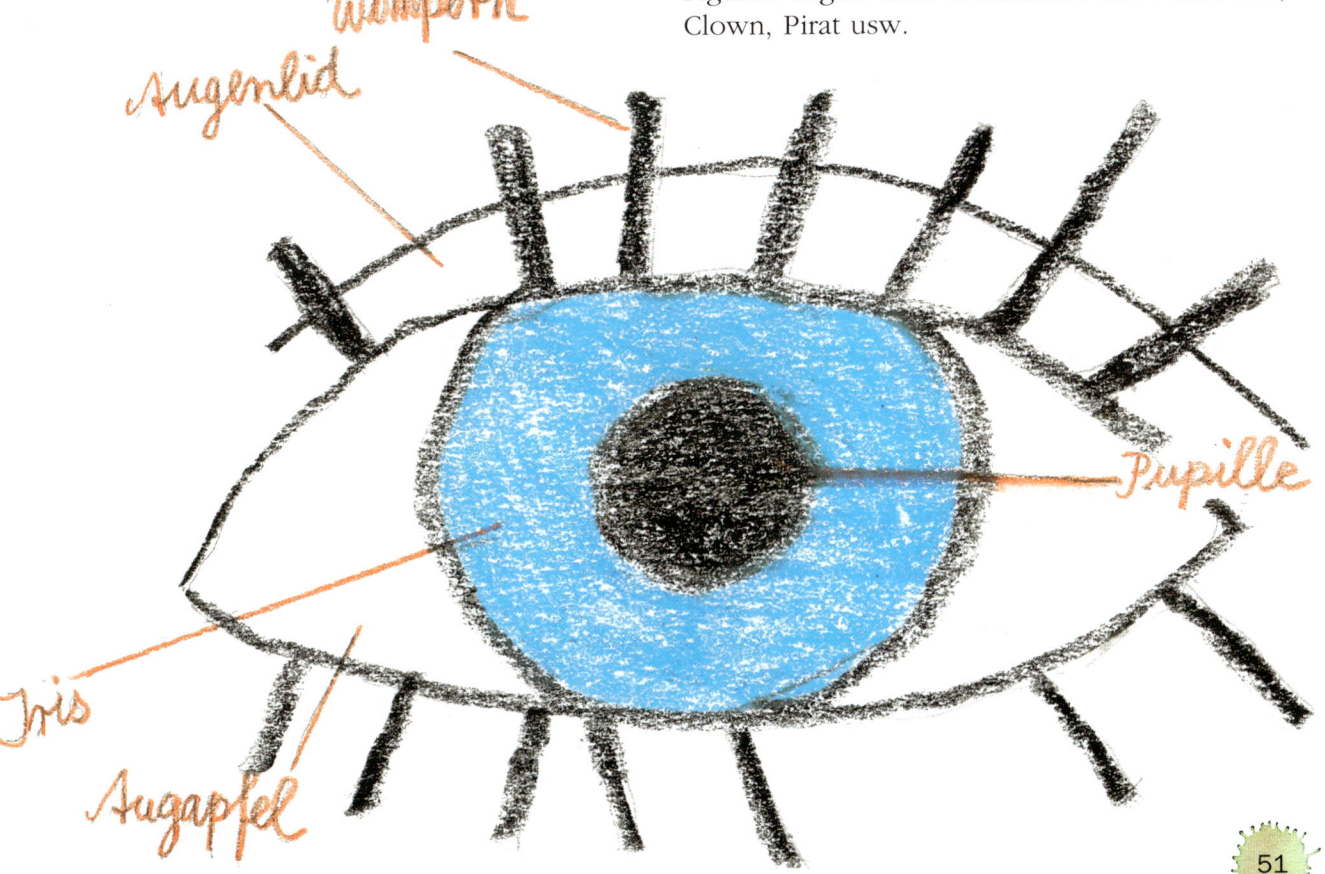

Die Schemaphase

Tonfiguren

Eine Möglichkeit für Kinder, sich der figürlichen Darstellung des Menschen zu nähern, sind formbare Materialien. Figuren aus Ton lassen sich leicht verbiegen und können so in Bewegung versetzt werden.

Material: Ton, Modellierwerkzeug, Becher mit Wasser, Tonschlicker (mit Wasser verdünnter Ton)
Alter: ab 6 Jahren

Jedes Kind erhält einen faustgroßen Klumpen Ton und knetet ihn zu einer menschlichen Figur. Diese Figur wird so verbogen und modelliert, dass sie eine Bewegungshaltung einnimmt (kniend, laufend, streckend, sitzend usw.).

Hinweis: Bauen die Kinder ihre Figur aus verschiedenen Einzelformen zusammen, müssen sie die Teile mit Modellierwerkzeug anrauen, sie kurz in Tonschlicker tauchen und aneinander drücken.

Tütenmasken

Fratzen schneiden und malen macht Kindern viel Spaß. Dabei machen sie sich Gedanken über Gesichtsausdrücke: Wie sieht ein Mund aus, der lacht oder schreit? Wie sieht ein Gesicht aus, das traurig, erschreckt oder staunend blickt?

Material: 1 große Packpapiertüte pro Kind, Stift, Scheren, Fingerfarben (s. S. 15)
Alter: ab 6 Jahren

Jedes Kind erhält eine Papiertüte und stülpt sie sich über den Kopf. Die Spielleitung markiert von außen mit einem Stift die Stellen, hinter denen sich seine Augen befinden.
Die Kinder setzen die Tüten ab und schneiden an den beiden Markierungen kleine Löcher für die Augen in die Tüte.

Mit der Fingerfarbe malen sie der Tüte um die Augen herum ein Gesicht mit einem bestimmten Gesichtsausdruck. Soll das Tütengesicht lachen oder traurig sein, anderen Furcht einflößen oder sie erschrecken?
Die getrockneten Tüten stülpen sich die Kinder über den Kopf und schlüpfen so in die Rolle der Maske. Sie beobachten, wie die anderen auf ihre Fratze reagieren und können sich anschließend gegenseitig erzählen, warum sie der Maske ein solches Aussehen gegeben haben.

Die Schemaphase

Fratzenspiel

Material: 2 gleich große runde Pappkäseschachteln und 1 Perle oder kleine Kugel pro Kind, Klebstoff, Filzstifte, Schere
Alter: ab 6 Jahren

Die Kinder kleben die beiden Käseschachteln an ihrem Boden aufeinander und entfernen den Deckel von einer der beiden Schachteln.
Auf den Boden der geöffneten Schachtel malen sie ein lustiges Gesicht mit Augen und Nase. Nur den staunenden Mund sparen sie aus und schneiden ihn mithilfe der Spielleitung als Loch in den Boden. Dieses Loch muss so groß sein, dass die Kugel leicht hindurch fallen kann. Wer mag, schmückt das Gesicht noch weiter aus.
Dann kann das Fratzenspiel beginnen: Die Kinder legen die Kugel auf das Gesicht und rollen sie auf das Loch zu, damit sie hindurch fällt. Ist die Kugel im Loch verschwunden, wird die untere Schachtel geöffnet und die Kugel wieder hervorgeholt.

Doppelporträt

Dieses Angebot verdeutlicht Kindern, dass sie mit ganz wenigen Strichen ein Gesicht verändern und ihm einen anderen Ausdruck geben können.

Material: Zeitschriften und Kataloge, Schere, Filzstifte
Alter: ab 6 Jahren

Vorbereitung:
Die Spielleitung schneidet für jedes Kind ein Porträt aus den Zeitschriften aus und macht von jedem Bild eine Kopie.

Durchführung:
Die Kinder suchen sich aus dem Stapel der Original-Porträts ein Bild heraus. Mit den Filzstiften übermalen sie das Gesicht z. B. mit einem Bart, einer Brille, einer Warze, Sommersprossen, einer Augenklappe usw.
Die Spielleitung holt die unbemalten Kopien hervor und legt sie neben die veränderten Porträts. Wie haben sich die Gesichter durch das Übermalen verändert?

Die Schemaphase

Mein kleiner Friseurladen

Bei diesem Angebot machen sich die Kinder Gedanken über verschiedene Frisuren.

Material: 1 Becher pro Kind, Filzstifte, Zeichenpapier
Alter: ab 6 Jahren

Die Kinder setzen den Becher auf das Zeichenpapier und umkreisen ihn mit dem Filzstift mehrmals an verschiedenen Stellen des Papiers, sodass sie viele runde Kreise erhalten. Die Kreise vervollständigen die Kinder mit Augen, Nase, Mund und Ohren zu Gesichtern mit verschiedenen Gesichtsausdrücken (weinend, lachend, staunend etc.).
Als FriseurInnen gestalten die Kinder nun jeden Kopf mit einer anderen Frisur – welcher Kopf wird wohl zum Schluss die witzigste Frisur haben?

Tongesicht mit Riesennase

Material: Ton, Rollholz, Wasserschüssel, altes Geschirrtuch, Kratzwerkzeuge, Modellierwerkzeuge; evtl. Knetmasse
Alter: ab 6 Jahren

Jedes Kind erhält einen faustgroßen Klumpen Ton. Diesen schlägt und knetet es, bis alle Luftblasen aus dem Ton entwichen sind.
Der Tonklumpen wird auf dem Geschirrtuch zu einem ca. 1,5 cm dicken Tonteller ausgerollt. Die Kinder gestalten diesen durch Ritzen und Modellieren zu einem Gesicht.
Besondere Aufmerksamkeit legen sie dabei auf das Gestalten der Nase: Soll es eine Hakennase, Knollennase, Stupsnase, Spitznase oder Hexennase mit Warze werden?

Formen die Kinder die Nase aus einem eigenen Tonstück, ritzen sie die entsprechende Stelle im Tellergesicht etwas an und befeuchten sie, bevor sie die geformte Nase andrücken.
Ist das Tellergesicht getrocknet, kann es gebrannt werden.

Variante

Anstelle des Tons gestalten die Kinder das Gesicht aus Knetmasse.

Die Schemaphase

Klappfiguren

Material: Stifte, Kopierpapier (DIN A4)
Alter: ab 6 Jahren

Die Kinder finden sich zu Vierergruppen zusammen. Jedes Kind erhält einen Bogen Kopierpapier und einen Stift. Die Kinder legen ihr Blatt hochkant vor sich und falten es quer in vier gleich große Spalten.
Das Spiel gliedert sich in vier Runden: In der ersten Runde malen alle den Kopf eines Menschen in das erste Feld. Dieses Feld wird nach hinten weggeklappt und das Blatt so an den jeweils rechten Mitspieler weitergegeben, dass er die Zeichnung nicht sehen kann.
In der zweiten Runde malen alle in das neue obere Feld Hals und Oberkörper und klappen ihre Zeichnungen erneut nach hinten um, bevor sie diese weiterreichen.
In der dritten Runde werden die Beine ergänzt und in der vierten Runde die Füße.
Falten die Kinder die Zeichnungen auseinander, kommen sicherlich äußerst komische Figuren zum Vorschein.

Doppelstrichmenschen

Dieses Angebot veranlasst Kinder spielerisch, sich von der Menschendarstellung in Strichform zu verabschieden und eröffnet ihnen den Weg zur Doppelstrichdarstellung.

Material: Filzstifte, Kopierpapier
Alter: ab 6 Jahren

Die Kinder malen mit den Filzstiften einen Menschen auf das Papier. Dabei dürfen sie allerdings den Stift nicht absetzen, bis die Figur fertig ist, d.h. sie malen den Menschen aus nur einer Linie. Linienkreuzungen sind dagegen erlaubt.
Um die Doppelstrichdarstellung zu erleichtern, gibt die Spielleitung Tipps, wie der Mensch gekleidet sein könnte, dass manche Kleidungsstücke gemustert sind usw.

ModedesignerInnen

Material: Zeichen- oder Tonpapier, Filzstifte, Stoffe oder Tapetenreste, Wollreste, Klebstoff, Scheren
Alter: ab 6 Jahren

Auf das Papier zeichnen die Kinder den Kopf eines Modells.
Seine Kleider entwerfen sie aus den Stoffen oder Tapetenresten, die sie zu Kleidungsstücken zuschneiden und unter dem Kopf auf das Papier kleben. Die passende Frisur gestalten sie aus den Wollresten, die ebenfalls angeklebt werden. Wer wird wohl das verrückteste Kleidungsstück entwerfen?

Die Schemaphase

Bewegte Buchstaben

Dieses Angebot stellt für Kinder eine spielerische Übung zur Darstellung von Bewegung dar.

Material: Filzstifte, Zeichenpapier
Alter: ab 7 Jahren

Die Spielleitung erzählt den Kindern folgende kurze Geschichte:
„Stellt euch vor, alle großen Druckbuchstaben hätten einen Kopf, zwei Arme, zwei Beine, zwei Hände und zwei Füße. Heute sind sie ganz aufgeregt, weil sie gehört haben, dass der Tintenkiller auf dem Weg zu ihnen ist und einige von ihnen auslöschen will. Deshalb sind sie auf der Flucht und laufen kreuz und quer über das Papier."
Die Kinder malen die Buchstaben auf das Papier und lassen sie mit unterschiedlichen Bewegungen in verschiedene Richtungen laufen.

Zerschnittene Porträts

In diesem Angebot üben die Kinder die symmetrische Darstellung des Menschen.

Material: 1 Porträt pro Kind (aus Zeitschriften oder großformatige alte Fotos), Scheren, Klebstoff, Filzstifte, Zeichenpapier
Alter: ab 7 Jahren

Alle Kinder erhalten ein Porträt und schneiden es der Länge nach genau in der Mitte durch. Die eine Hälfte kleben sie in die Mitte des Papiers, um sie malend wieder zu vervollständigen. Dabei legen sie die verbliebene Gesichtshälfte direkt zum Vergleich daneben.

Variante

Besonders lustig werden die Bilder, wenn die Kinder der Porträthälfte eine ganz andersartige Gesichts- oder Körperhälfte hinzufügen.

Jahreszeitengesichter

Der Maler Giuseppe Arcimboldo hat in einigen seiner Bilder verschiedenste jahreszeitliche Materialien wie z. B. Obst oder Blumen in einer Art Collage zu fratzenähnlichen Gesichtern zusammengefügt. Diese symbolisieren die vier Jahreszeiten.

Material: Postkartenbilder von Giuseppe Arcimboldo (Kunstgalerie), viele Werbeprospekte, Scheren, Zeichenpapier, Klebstoff
Alter: ab 7 Jahren

Gemeinsam mit der Spielleitung betrachten die Kinder die Postkartenbilder von Arcimboldo. Womit hat er die Nase dargestellt? Womit die Ohren und die Haare? Können sie die symbolisierte Jahreszeit erraten?
Nach der Bilderbetrachtung versuchen sich die Kinder selbst an den Jahreszeitengesichtern. Zum Thema Fratzen aus Obst suchen sie in den Prospekten nach Abbildungen von Früchten, schneiden diese aus und arrangieren sie zu einem Gesicht auf dem Zeichenpapier. Sind sie mit ihrem Gesicht zufrieden, fixieren sie es mit Klebstoff.
Wer hat am Ende die originellste, wer die furchterregendste Fratze gestaltet?

Variante

Zum Thema Herbst sammeln die Kinder bunte Blätter, Kastanien, Eicheln, Bucheckern und sonstige herbstliche Naturmaterialien und gestalten daraus Herbstgesichter.

„Was kann ich denn noch malen?"

Um Kinder in der Darstellung menschlicher Figuren immer wieder aufs Neue herauszufordern, ist es ratsam, sie mit den verschiedensten Typen zu konfrontieren, die sie durch ihr Erscheinungsbild zur Gestaltung animieren:

- der Zauberer Simsalabim beim Zaubern eines kleinen Hasen
- die Prinzessin *Binsoschön*, die in ihren Spiegel schaut
- ein Feuerwehrmann beim Löschen eines Hausbrandes
- Eine Polizistin bei einer Verkehrskontrolle
- ein Roboter in einem Raumschiff
- der Clown Kunterbunt
- eine Balletttänzerin
- ein Schornsteinfeger mit seiner Leiter
- der Pirat Einauge auf seinem Schiff
- eine Fee mit ihrem Zauberstab
- ein Engel bei der Verteilung der Himmelspost
- das Christkind beim Schmücken des Weihnachtsbaums
- der Nikolaus mit Knecht Ruprecht
- ein kleiner Cowboy auf seinem Pony
- ich selbst in meinem Faschingskostüm
- ein Indianer beim Rauchen der Friedenspfeife
- ein Roboter in einem Raumschiff

Tierdarstellungen

Kinder zeichnen mit Vorliebe Lebendiges. So finden sich schon in sehr frühen Kinderzeichnungen Tiere. Diese unterscheiden sich in der Vorschemaphase von der Menschendarstellung nur durch die **horizontale Lage** und die **Vielzahl der Beine** und erscheinen als **horizontalgelagerte Kopffüßler**. Daraus entwickeln sich in der Schemaphase tierähnliche Wesen mit tiertypischen Kennzeichen (Schwanz, Flügel, Schnabel usw.). Im Gegensatz zur Menschendarstellung gelingt die **Seitendarstellung** der Tiere bereits früh, da sie für Kinder die charakteristischste und klarste Gestalt des Tieres ermöglicht (Prägnanzdarstellung, s. S. 34). Hier haben sie die beste Möglichkeit, die tiertypischen Kennzeichen umzusetzen.

Ein weiterer Schritt ist getan, wenn der **Kopf quer verlagert** wird. Durch **Hinzufügung von Attributen** wie Schwanz, Schnabel, Ohren oder Flügel beginnt eine anfängliche Differenzierung der Art des Tieres. Die „Vielbeinigkeit" weicht allmählich der **Vierbeinigkeit**. Auch Vögel besitzen lange Zeit vier Beine. Erst mit der Erkenntnis, dass es im Tierreich Zwei- und Vierbeiner gibt, erhalten Vögel zwei Beine.

Pferd in der seitlichen Prägnanzdarstellung

Tiere erhalten in den Kinderzeichnungen **menschliche Gesichtszüge**. Natürlich kommt es dabei zu einer Vielzahl von Mischprofillösungen (s. S. 46): Lange Zeit ordnen die Kinder **Fell und Federn strahlenförmig** um den Rumpf herum an.

Eine weitere Entwicklung hat sich vollzogen, wenn Kinder die vier **Beine paarweise anordnen** und diese **schräg zusammenstellen**. Damit stellen sie einen Bewegungsmoment des Tieres dar.

Zunächst lösen Kinder die Darstellung von Tieren rein graphisch, ohne auf die Farben zu achten. Erst wenn bei den Kindern das Interesse an der Lokalfarbigkeit entsteht (s. S. 5), malen sie Fell in brauner Farbe und Federn bunt.

Tierzeichnung mit menschlichen Gesichtszügen

Die Schemaphase

Im Dschungel

Durch das Betrachten und Ausschneiden von Tieren setzen sich Kinder mit deren Aussehen auseinander. Das Überkleben mit Blättern hilft ihnen, sich über ihre Tendenz zum Röntgenbild hinwegzusetzen.

Material: Zeitschriften, Scheren, Klebestifte, Zeichenpapier, getrocknete Blätter
Alter: ab 5 Jahren

Die Kinder suchen in den Zeitschriften nach Abbildungen von Tieren. Diese schneiden sie aus und kleben sie als Collage auf das Zeichenpapier.
Damit die Tiere sich wie im Dschungel hinter Gräsern und Büschen verstecken können, kleben die Kinder die getrockneten Blätter auf die Collage.
Welche Tiere sind zum Schluss noch zu erkennen, und welche haben sich ganz hinter einem Strauch versteckt?

Plüschtiere

Kinder lernen in diesem Angebot das Fell-, Leder- oder Federkleid von Tieren kennen.

Material: Kunstfell, Watte, Lederreste, Rohwolle, kleine Federn, Zeichen- oder Tonpapier, Filzstifte, Klebstoff
Alter: ab 5 Jahren

Die Kinder betrachten und betasten die verschiedenen Materialien und jedes sucht sich eines heraus. Gemeinsam mit der Spielleitung überlegen sie, aus welchem Material sie für welches Tier ein Kleid machen können.
Mit den Filzstiften malen die Kinder den Umriss eines oder mehrerer dieser Tiere auf das Papier. Statt die Tiere auszumalen, schneiden sie aus dem passenden Material ein Stück aus und kleben es auf den Körper. So entstehen wollweiche Schafe, lederhäutige Elefanten, federleichte Vögel und plüschige Katzen.

Zeitungsschnipsel-Tiere

Dieses Spiel dient zur spielerischen Übung der Darstellung von Tieren in ihrer prägnantesten Ansicht.

Material: Zeitungspapier, Tonpapier, Klebestifte
Alter: ab 5 Jahren

Die Kinder reißen Zeitungspapier in viele kleine Schnipsel.
Diese Schnipsel legt jedes Kind auf Tonpapier zu einem bestimmten Tier zusammen, das es den anderen nicht verrät. Die Spielleitung klärt dazu mit ihnen ab, ob sie ihr Tier von vorn oder von der Seite darstellen möchten.
Die fertigen Zeitungsschnipsel-Tiere fixieren die Kinder mit den Klebestiften auf dem Papier.
Zum Schluss raten die Kinder reihum, wer welches Tier geklebt hat und aus welcher Perspektive es zu sehen ist. Werden alle Tiere erraten?

Zahnstocher-Elefant

Alltags- und Naturmaterialien haben einen hohen Aufforderungscharakter und animieren Kinder zum Gestalten von Tieren.

Material: große Auswahl an Alltags- und Naturmaterialien (Klopapierrollen, Plastikbecher und -flaschen, Einkaufstüten, Knöpfe, Zahnstocher, Federn, Fell, kleine Äste, Blätter, Steine, Nüsse, Kastanien, Eicheln, Kiefernzapfen usw.), Stopfnadel (zum Bohren von Löchern), Befestigungsmaterialien (Wolle, Faden, Klebstoff, Heißkleber), 1 großes grünes oder braunes Tuch
Alter: ab 5 Jahren

Die Kinder stöbern nach Lust und Laune in den Materialien und suchen sich passende Elemente heraus, um daraus ein Tier zu bauen. Wo sie Teile mit Heißkleber zusammenfügen wollen, hilft ihnen die Spielleitung.
Jedes Kind stellt sein fertiges Tier der Gruppe vor.
Zum Schluss breitet die Spielleitung das Tuch über einer Tischplatte aus und die Kinder bauen alle Tiere wie in einem großen Freigehege auf. Sie gestalten den Park mit Steinen, Ästen und anderen Naturmaterialien aus.

Überraschungstiere

Material: Zeichenpapier, Buntstifte
Alter: ab 5 Jahren

Die Kinder bilden Paare. Eines malt mit den Buntstiften eine beliebige Form oder einen Farbfleck auf das Papier. Sein Partner muss die Form in ein Tier verwandeln, indem er Schwanz, Rüssel, Schnabel, Flügel oder Beine hinzufügt. Dabei entstehen höchst ungewöhnliche und lustige Tiere.

Tiere würfeln

Die Kinder üben sich in diesem Spiel in der Darstellung frei gewählter Tiere. Der Würfel bestimmt dabei, wie das Tier zu malen ist.

Material: Zeichenpapier (DIN A4), Buntstifte, Zahlenwürfel
Alter: ab 5 Jahren

Fünf Kinder spielen jeweils miteinander. Alle Kinder bekommen einen Stift und einen Bogen Papier.
Jedes Kind denkt sich ein Tier aus, das es malen möchte. Dieses Tier muss aus Kopf, Körper, Beinen, Hals und Schwanz bestehen. Die Spielleitung überlegt gemeinsam mit den Kindern, welche Tiere sich eignen.
Die Kinder würfeln reihum. Bei jeder Augenzahl darf das würfelnde Kind einen bestimmten Körperteil zeichnen:

- ⚀ Schwanz
- ⚁ Kopf
- ⚂ Körper
- ⚃ Beine
- ⚄ Hals
- ⚅ Federn oder Fell

Würfelt ein Kind eine Zahl zum zweiten Mal, beginnt es mit dem entsprechenden Körperteil ein neues Tier. Hat es z.B. drei Tiere angefangen, schaut es bei dem nächsten erwürfelten Körperteil, welchem seiner Tiere er noch fehlt und ergänzt ihn bei einem von ihnen.
Welches Kind als erstes ein Tier komplett fertig gemalt hat, gewinnt das Spiel – allerdings nur, wenn es auch zu erkennen ist!

Kunstvolle Tierbildbetrachtung

Bildbetrachtungen von KünstlerInnen motivieren Kinder zu eigener Darstellung und schärfen ihren Blick für die Wesensmerkmale von Tieren.

Material: Bildband oder Dias mit Bildern oder Skulpturen von Tieren (z.B. Franz Marc oder Pablo Picasso)
Alter: ab 6 Jahren

Viele KünstlerInnen haben in ihren Bildern und Skulpturen Tiere dargestellt. Die Arbeiten zweier Künstler sprechen Kinder immer wieder besonders an: Franz Marc und Pablo Picasso.
Die Spielleitung betrachtet gemeinsam mit den Kindern ein Bild oder eine Skulptur dieser Künstler. Sie lässt die Kinder erzählen, was sie alles entdecken können. Leitende Fragen und Anregungen sind dabei:

- Welches Tier ist hier dargestellt?
- Woran erkennst du, um welches Tier es sich handelt?
- In welcher Haltung befindet es sich? Versuche diese Haltung pantomimisch darzustellen.
- In welcher Umgebung befindet sich das Tier?
- In welcher Stimmung ist das Tier?
- Stell dir vor, das Bild/die Figur würde lebendig werden. Welche Geräusche würdest du hören?

Im Anschluss daran malen die Kinder das vorgestellte Tier.

Tiere aus dem Hut zaubern

Material: 1 Hut, Kärtchen mit den Buchstaben des Alphabets (ohne *q*, *x* und *y*), Zeichenpapier, Filzstifte
Alter: ab 6 Jahren

Die Kärtchen des Alphabets werden gemischt und in den Hut gelegt. Alle Kinder erhalten Papier und Stift.
Reihum zieht jeweils ein Kind einen Buchstabenzettel aus dem Hut und liest den Buchstaben laut vor. Alle Kinder denken sich schnell ein Tier mit diesem Anfangsbuchstaben aus und malen das Tier auf ihr Blatt.
Nach jeder Spielrunde schauen die Kinder, welche Tiere doppelt sind und wie viele unterschiedliche Tiere sich versammelt haben. Kennen alle Kinder alle Tiere?

Tiere des Meeres

Material: mehrere Overheadfolien, 1 Folienstift pro Kind, blaue Tinte
Alter: ab 6 Jahren

Die Spielleitung schneidet je eine Overheadfolie in ca. sechs unregelmäßige Stücke und verteilt sie an die Kinder.
Jedes Kind malt mit einem Folienstift auf sein Stückchen Folie ein im Meer lebendes Tier (Fisch, Seepferdchen, Tintenfisch, Hai, Delphin, Qualle, Muschel usw.).
Währenddessen färbt die Spielleitung etwas Wasser mit Tinte blau ein und verteilt ein paar Tropfen davon auf der Glasplatte des Overheadprojektors.
Die fertigen Meerestiere werden auf die präparierte Glasplatte des Overheadprojektors gelegt: An der Projektionswand erscheint ein riesiges Aquarium!

Karo-Schwein

Material: kariertes Zeichenpapier, Kugelschreiber
Alter: ab 6 Jahren

Zwei Kinder erhalten gemeinsam ein kariertes Zeichenblatt und überlegen sich ein Tier, das sie zusammen malen wollen.
Abwechselnd malen sie dazu ohne weitere Absprachen jeweils ein Karo nach dem anderen aus. Sind sie sich bei der Entstehung des Tieres einig, und ist es zum Schluss zu erkennen?

Variante

Die Kinder beginnen sofort ohne vorherige Absprache abwechselnd die Kästchen auszumalen und lassen sich überraschen, welches Tier bei dem kreativen Prozess entstehen wird.

Girafant

Material: Zeichenpapier (DIN A3), Zeichenstifte, Temperafarbe, Pinsel
Alter: ab 6 Jahren

Je zwei Kinder erhalten einen Bogen Zeichenpapier. Diesen legen sie im Querformat vor sich auf den Tisch und teilen ihn senkrecht in drei gleich große Spalten ein.
Jedes Kind überlegt sich heimlich ein Tier, das es malen möchte. Bevor sie mit dem Malen beginnen, einigen sich die Kinder erstens auf die Richtung, in die ihr Tier blicken soll, und zweitens darauf, wer von ihnen den Kopf und wer den Po seines Tieres malt.
Soll das Tier also z.B. nach links blicken, malt ein Kind den Kopf in die linke Spalte und das andere Kind den Po in die rechte Spalte, während die Mitte in jedem Fall leer bleibt.
Zum Schluss malen beide Kinder gemeinsam das mittlere Feld so aus, dass Kopf und Po fantasievoll miteinander verbunden werden.

Tiergedichte

Gedichte regen die Fantasie der Kinder an, sodass sie sich zum Malen von Tierbildern inspirieren lassen.

Material: Wachsmal-, Bunt- oder Filzstifte, Zeichenpapier, Tierlexikon
Alter: ab 6 Jahren

Die Spielleitung wählt eines der folgenden Gedichte (s. S. 64) aus und liest es den Kindern vor.

Gemeinsam sprechen die Kinder mit der Spielleitung über den Inhalt des Gedichts, erzählen es nach oder fragen nach Tieren, die sie noch nicht kennen. Bei Bedarf schauen sie im Tierlexikon nach, damit sie eine Vorstellung der unbekannten Tieren bekommen.
Inspiriert durch den Inhalt des Gedichts greifen die Kinder zu Stift und Papier und malen ein Bild zum Inhalt des Gedichts.

Hinweis: Die folgenden Gedichte stellen nur eine kleine Auswahl da. Insbesondere James Krüss, Christian Morgenstern und Josef Guggenmos haben viele kleine Kindergedichte geschrieben, die sich mit Tieren befassen.

Die Schemaphase

Ball der Tiere

Wir geben einen Ball! Sprach Frau Nachtigall.
So? Sprach der Floh.
Was werden wir essen? Sprachen die Wespen.
Gibt es was zu speisen? Fragten die Meisen.
Nudeln! Sprachen die Pudeln.
Was werden wir trinken? Sprachen die Finken.
Bier! Brüllte der Stier.
Nein, Wein! Sprach das Schwein.
Wer wird die Trompete blasen? Fragten die Hasen.
Ein Frosch wird Flöten! Quatschten die Kröten.
Wie lange? Fragte die Schlage.
Bis zwölf! Heulten die Wölf.
Wo werden wir tanzen? Sprachen die Wanzen.
Im Jägerhaus! Sprach die Maus.
Und damit war die Sitzung der Tiere aus.

traditionell

Die Kuh

Die liebe Kuh, so braun und weiß,
die komm' ich gern besuchen,
denn ihre Sahne lieb' ich heiß
auf Erdbeeren und Kuchen.

Sie trottet durch die Luft,
den lieben langen Tag,
macht „muh" und schnuppert Wiesenduft
so viel wie sie nur mag.

Sie frisst viel Kräuter und viel Gras,
geht kauend auf und nieder,
der Regen macht das Fell ihr nass,
die Sonne trocknet's wieder.

Robert Louis Stevenson

Tiere machen Karneval

Die Tiere machen Karneval
zu Marburg an der Lahn.
Der Hahn trägt einen Regenschirm
und schreitet stolz voran.

Auf einem Fahrrad fährt der Bär,
in Stiefeln kommt der Ackergaul,
die Gans hält einen Luftballon,
die Kuh hat einen Pfeil im Maul.

Und wenn sie auf dem Berge sind,
hoch oben vor dem Schloss,
dann singen sie, dann tanzen sie,
im Takte stampft das Ross.

traditionell

Die Schemaphase

Fantasievögel aus Frottage

Material: Wachsmal- oder Buntstifte, Kopierpapier, Zeichenpapier, Scheren, Klebstoff; evtl. Tonkarton (DIN A3)
Alter: ab 6 Jahren

Die Kinder machen sich in ihrer Umgebung auf die Suche nach unterschiedlichen Oberflächenstrukturen (Rinde, Wellpappe, Kopfsteinpflaster, Geld usw.). Von allen Oberflächen nehmen die Kinder eine Art Fingerabdruck: Dazu legen sie das Kopierpapier über die Flächen und reiben mit einem Stift über das Papier, bis ein Abdruck erscheint.
Haben sie viele verschiedene Muster gesammelt, fertigen sie daraus eine Collage an. Dazu schneiden die Kinder die Abdrücke in passende Stücke und kleben sie auf dem Papier zu einem Fantasievogel zusammen.

Hinweis: Wollen mehrere Kinder an einem gemeinsamen Vogel arbeiten, verwenden sie statt des Zeichenpapiers einen großen Tonkarton.

„Was kann ich denn noch malen?"

Weitere anregende Themenimpulse für Kinder können sein:

- eine Schnecke geht auf Reisen
- was ein Bär alles erlebt
- Feuer speiende Drachen
- ein krähender Hahn
- Kühe auf der Weide
- ein Tiger streift durch den Busch
- ein Vogel im Käfig
- ein Storch fängt Frösche
- Schmetterlinge auf einer Blumenwiese
- Tiere des Waldes
- alles was fliegen kann
- so sehen Dinosaurier aus
- Schattenbilder von Tieren

Themen aus Märchen und Fabeln:

- Hase und Igel
- Die Goldene Gans
- Der Frosch aus dem Froschkönig
- Der Wolf und die sieben Geißlein
- Die Bremer Stadtmusikanten
- Das hässliche junge Entlein

Baumdarstellungen

Vom Kopffüßler der Vorschemaphase ausgehend, den Kinder bei den ersten Baumdarstellungen als **lang gestrecktes Oval** senkrecht zur Blattkante aufstellen, entwickelt sich allmählich der Baum. Der **Einstrichstamm** mit vielen kreuzenden Kreisen löst den Kopffüßlerbaum ab und stellt so den Beginn der Schemaphase dar, in der ein realistisches Schema für eine Baumdarstellung entsteht.

Es folgt in der Entwicklung die Version des **Leiterbaumes**: ein senkrechter Strich, der von zahlreichen Linien bis zum Boden gekreuzt wird. Die Querstriche sind häufig von wiederum kleinen senkrechten Strichen durchkreuzt: Die ersten Äste sind entstanden. Da für Kinder jedes **Detail** wichtig ist, schmücken sie den Baum situations- und wahrnehmungsbedingt mit klei-

Äste und Blätter entwickeln sich und ergänzen den Baum

neren Ästen, mit Blättern oder Früchten aus. Hier gibt es zahlreiche Übergangsformen. Ein weiterer Schritt ist getan, wenn Kinder den **Stamm mit einem Doppelstrich** zeichnen.

Auch die **Unterscheidung der Bäume** in Nadel- und Laubbäume wird geübt. Der **Nadelbaum** erhält spitze, zackige Nadeln, seine Äste neigen sich leicht nach unten und werden weiterhin entlang des Stammes angeordnet.

Baumdarstellung mit Resten eines Leiterbaums

Die Schemaphase

Das Kind kombiniert die Baumkronendarstellung mit der Astdarstellung; Früchte kommen hinzu.

Das Kind sucht Lösungsmöglichkeiten, um die Blätter in die Baumkrone zu integrieren.

Der **Laubbaum** hingegen erhält allmählich eine strahlenartige Baumkrone. Die Strahlen gehen dabei von der Spitze des Stammes in alle Richtungen ab und werden mit Blättern, Früchten und Blüten immer mehr ausdifferenziert. Mit der **Verwurzelung des Baumes in der Erde** ist ein weiterer Schritt getan.

Verwandt mit dem Baum und lange Zeit nicht davon unterscheidbar ist die Blumendarstellung. Ob ein Hochoval oder eine Leitergestalt eine Blume oder einen Baum darstellt, können nur die Kinder selbst erzählen.

Bäume pusten

Kinder wollen Bäume sehr detailgetreu darstellen und bemühen sich schon früh um eine Unterteilung in Stamm und Äste. Dazu eignet sich besonders die Pustetechnik.

Material: Zeichenpapier (DIN A4), Strohhalm, schwarze Tinte, schwarze Filzstifte
Alter: ab 5 Jahren

Die Kinder erhalten einen Bogen Papier und einen Strohhalm. Die Spielleitung setzt auf jedes Papier einen dicken Tintenklecks.

Mithilfe des Strohhalms pusten die Kinder die Tinte über das Papier, sodass sich der Klecks zu einer Baumkrone verästelt. Vielleicht entsteht dabei sogar ein dickerer Tinten-Ast, den die Kinder zum Stamm auspusten können. Wenn nicht, wird der Stamm mit Filzstiften ergänzt.

Die Schemaphase

Herbstlicher Blätterbaum

Um Kindern den Farbenreichtum eines Laubbaumes zu verdeutlichen, eignet sich das gemeinsame Sammeln und Trocknen von Herbstblättern besonders gut.

Material: dicker Katalog, Tapete, Klebeband, Klebstoff, braune Fingerfarbe (s. S. 15)
Alter: ab 5 Jahren

Auf einem Spaziergang durch einen herbstlichen Laubwald sammeln die Kinder viele verschiedene bunte Herbstblätter und legen sie zum Trocknen zwischen die Seiten eines dicken Katalogs. Die Tapete wird auf dem Boden mit Klebeband fixiert. Darauf kleben die Kinder die getrockneten Blätter zu einer riesigen Baumkrone zusammen.
Zum Schluss malen sie dem bunten Herbstbaum mit Fingerfarbe einen Stamm.

Blätterdruck

Hier wird die Aufmerksamkeit der Kinder auf die Besonderheiten einzelner Blätter gelenkt.

Material: Zeitungspapier, flüssige schwarze Schuhcreme, Zeichenpapier, Scheren, Klebstoff, 1 Bogen Tonpapier (DIN A3), braune Fingerfarbe (s. S. 15)
Alter: ab 5 Jahren

Bei einem Spaziergang sammeln die Kinder Blätter von verschiedenen Bäumen.
Die Arbeitstische werden mit Zeitungen ausgelegt. Jedes Kind färbt die Rückseite eines Blattes mit Schuhcreme ein und legt darauf einen Bogen Zeichenpapier. Es streicht mit leichtem Druck der Hand darüber, bevor es das Papier wieder abzieht: Ein Blätterdruck ist entstanden, der die filigranen Verästelungen der Blätter veranschaulicht.
Die getrockneten Drucke werden ausgeschnitten und auf dem Tonpapier zu einer großen Baumkrone zusammengeklebt. Mit der Fingerfarbe ergänzen die Kinder den Stamm.

Rindenfrottage

Wie unterschiedlich Baumstämme strukturiert sein können, erfahren die Kinder bei der „Rindenfrottage".

Material: Kopierpapier, dicke Bunt- und Wachsmalstifte
Alter: ab 5 Jahren

Zu einem Waldspaziergang nehmen die Kinder Buntstifte, Wachsmalstifte und Kopierpapier mit. Jedes Kind sucht sich einen oder mehrere Bäume aus und legt das Papier auf dem Stamm auf. Mit einem Stift reibt es über das Papier und erhält so einen genauen Abdruck der Struktur des Baumstamms. Wie viele verschiedene Abdrücke haben die Kinder am Schluss gesammelt?

Kinder erleben einen Obstbaum

Hier werden Kinder für den jahreszeitlichen Wandel von Obstbäumen sensibilisiert.

Material: Buntstifte, Zeichenpapier
Alter: ab 5 Jahren

Zur Frühjahrszeit besucht die Spielleitung mit den Kindern einen blühenden Obstbaum. Die Kinder riechen an den Blüten, betasten seine Rinde und seine Blätter und vergleichen, ob der Baum zurzeit mehr Blüten oder mehr Blätter hat. Gemeinsam überlegen sie, wie der Baum wohl zur Erntezeit aussehen und was sich bis dahin alles verändern wird.
Die Kinder suchen sich einen Platz, von dem aus sie den Baum gut im Blick haben, und jedes zeichnet den blühenden Obstbaum im Freien. Die Spielleitung verwahrt die Bilder bis zur Erntezeit, wenn sie den Baum erneut mit den Kindern besucht. Was hat sich alles verändert? Gemeinsam pflücken die Kinder einige Früchte, riechen daran und beschreiben ihren Duft, bevor sie davon kosten. Kennen und mögen alle Kinder die Früchte?
Alle Kinder setzen sich wieder in Sichtweite des Baumes und zeichnen ihn erneut – diesmal voller Früchte.
Zum Abschluss vergleichen die Kinder ihre Bilder mit denen aus dem Frühjahr: Können sie die Veränderungen dort wiederfinden?

Rückenbaum

Material: Kopierpapier, Zeichenstifte
Alter: ab 5 Jahren

Die Kinder bilden Paare. Jeweils eines der beiden Kinder erhält einen Stift und einen Bogen Papier und setzt sich damit auf den Boden.
Das andere Kind kniet sich hinter seinen Partner und malt mit dem Finger auf dessen Rücken einen Baum. Dabei muss es sehr langsam malen und seinen Strich öfter wiederholen, denn sein Partner soll das auf seinem Rücken erspürte Gemälde auf das Papier übertragen.
Wird es ein Nadel- oder ein Laubbaum, und trägt er zum Schluss eine große oder eine kleine Krone? Stimmt das Bild auf dem Papier mit dem Gemälde auf dem Rücken in etwa überein?

Blätterumrisse

Material: getrocknete Herbstblätter von verschiedenen Bäumen, Zeichenpapier, schwarze Filzstifte, Buntstifte, Spitzer
Alter: ab 6 Jahren

Die Kinder erhalten getrocknete Blätter von verschiedenen Bäumen. Sie legen sie auf einen Bogen Zeichenpapier und umfahren den Umriss mit einem Filzstift.

Die Buntstifte werden gespitzt und die Kinder verreiben den Spitzerdreck mit den Fingern in den Umrissen ihrer Blätter. Dadurch entstehen wunderschöne Farbübergänge wie bei den fließenden Herbstfärbungen der Blätter.

Vierjahreszeitenbäume

Material: kleine Zettel, Stift, 1 Zeichenkarton für je 4 Kinder (1 x 1 m), Klebeband, Temperafarben, Pinsel
Alter: ab 6 Jahren

Vorbereitung:
Die Spielleitung beschriftet in mehrfacher Ausführung jeweils vier Zettel mit den folgenden Begriffen:

- Frühjahrsbaum
- Sommerbaum
- Herbstbaum
- Winterbaum

Die Zettel werden zu Losen zusammengefaltet und je ein Vierersatz auf jedem Tisch bereit gelegt.

Durchführung:
Vier Kinder erhalten gemeinsam einen Zeichenkarton, den sie mit Klebeband in der Mitte des Tisches fixieren. Jedes Kind zieht eines der bereit liegenden Lose und schaut heimlich nach, welchen Baum es zeichnen soll.
Die Kinder stellen sich an den vier Seiten des Zeichenkartons einander gegenüber auf. Auf ein Startzeichen der Spielleitung hin malt jedes Kind schweigend seinen Baum so groß wie möglich über das gesamte Blatt. Welches Kind hat am schnellsten die Malfläche für sich erobert und die Führung bei der Baumgestaltung übernommen?
Die anderen Kinder passen sich an die Führung an und malen den Baum gemeinsam zu Ende.

Variante

Jedes Kind malt von seiner Seite einen Stamm auf den Karton. Dort, wo alle Stämme zusammentreffen, entsteht eine gemeinsame Baumkrone. Entsprechend den Losen malt jedes Kind seinen Teil der Baumkrone als Frühjahrs-, Sommer-, Herbst- oder Winterbaum. So entsteht ein Vierjahreszeitenbaum.

Die Schemaphase

Stretch-Baum

Material: Zeichenpapier (DIN A3), Buntstifte
Alter: ab 6 Jahren

Jedes Kind erhält einen Bogen Zeichenpapier und faltet ihn entsprechend der Abbildung. In die obere Blatthälfte zeichnet es die Baumkrone eines Laubbaumes, den Stamm zeichnet es in die untere Hälfte.
Das Zeichenpapier wird auseinander gefaltet und die Lücke mit einem langen Stamm geschlossen. Ist das Papier zusammengefaltet, erscheint der Baum in normaler Größe, klappen die Kinder das Papier auseinander, wird er zum „Stretch-Baum".

Regenbogenbaum

Material: 1 Baumscheibe, Wachsmal- oder Buntstifte, Zeichenpapier
Alter: ab 6 Jahren

Die Spielleitung betrachtet gemeinsam mit den Kindern eine Baumscheibe, die über eine Vielzahl von Jahresringen verfügt. Die Kinder betasten die Baumscheibe und zählen mithilfe der Spielleitung die Jahresringe.
Gemeinsam überlegen sie, wie wohl die Baumscheibe eines uralten fantastischen Regenbogenbaumes aussehen würde. Die Kinder zeichnen die Baumscheibe dieses Fantasiebaumes über einen ganzen Papierbogen. Wie alt wird ihr Regenbogenbaum?

Die Schemaphase

Mosaikbaum

Material: vierfarbige Zeitschriften, Klebestifte, Zeichenpapier
Alter: ab 6 Jahren

Die Kinder reißen aus den Zeitschriften die gelben, braunen, roten und beigefarbenen Seiten heraus und sortieren diese nach Farben, sodass sie verschiedenste Farbnuancen erhalten.
Sie zerreißen die bunten Bögen in zahlreiche Schnipsel. Diese klebt jedes Kind wie kleine Mosaiksteine zu einem Bild zum Thema „Bäume im Herbststurm" zusammen. Fegt der Wind auf den Bildern dabei etliche Schnipsel durch die Luft?

Variante

Aus lauter verschiedenen Grüntönen entstehen mosaikartige sommerliche Laubbäume.

„Was kann ich denn noch malen?"

- Bäume im Sturm
- Vogel im Baum
- blühender Baum in einer blühenden Blumenwiese
- Picknick unter Bäumen
- sterbende Bäume
- Obsternte
- mein Lieblingsbaum
- Baum mit Kletterspaß
- unser Weihnachtsbaum
- Herbstwald
- Bäume im Winter
- eine Palme auf einer einsamen Insel

Hausdarstellungen

Auch das Haus entwickelt sich aus dem anfänglichen **Kreis der Vorschemaphase**. Mit der runden Form stellen Kinder das Wesentliche des Hauses dar, das Umschlossensein. Oft werden in dieses Kreisrund bereits Kopffüßler eingezeichnet, was das Umschließen verdeutlicht.

Eine erste Entwicklung hin zur **Schemaphase** wird deutlich, wenn Kinder die **Kreisform zu einem Oval** strecken. Dabei wird das Oval oft angespitzt und steht somit für das Dach. Dach und Haus bilden so eine Einheit und werden noch nicht voneinander getrennt. Malen Kinder bereits Fenster, zeichnen sie diese auch rund oder oval. Das Dach des Hauses markieren sie mit einem Schornstein.

Allmählich differenziert sich die Hausform vom Hochrund über ein **zeltähnliches Gebilde** zu

Viereckige Hausform mit Fenstern und Tür

einer **viereckigen Hausform**. Die Fenster werden meist noch rund gezeichnet. Die Häuser werden auf die untere Blattkante (Aufstellkante aller Motive) oder später auf den zu ihr parallel gezogenen Strich gesetzt.

Bis zu diesem Zeitpunkt gibt es noch keine klare **Dachform** in der Kinderzeichnung. Sie scheint für Kinder eine große Schwierigkeit darzustellen. Auf der Suche nach geeigneten Dachlösungen greifen sie zunächst wieder auf primitivere Hausformen zurück. Dabei entwickelt sich dann die Dachform wie die Hausform über Rundformen zu einer eckigen Form und wird in einem weiteren Schritt durch einen Querstrich von der Hausfront getrennt: Das Giebelhaus ist entstanden.

Da Kinder alles im rechten Winkel aufstellen, bereitet ihnen das **Zeichnen des Schornsteins** lange Zeit Schwierigkeiten. Sie setzen ihn immer im rechten Winkel zur Dachlinie, sodass er schief auf dem Dach sitzt. Zum Ende dieser zeichnerischen Entwicklungsphase bemühen sich Kinder, dem Haus **perspektivisch eine zweite Seite** zu geben. Dabei bereitet ihnen

Erste Hausdarstellung als Zelthaus

Die Schemaphase

Der Schornstein kommt hinzu – hier noch im rechten Winkel zur Dachlinie.

Der Schornstein steht bereits senkrecht. Die Fenster erhalten Details wie Gardinen und Blumen.

wiederum die Realisierung des Daches die größte Mühe.

Bei allen beschriebenen Haustypen entstehen zahlreiche Übergangsformen und somit die abenteuerlichsten Varianten. Eine davon entwickelt sich aufgrund der **Simultanperspektive**. Dabei wird das Haus so gezeichnet, als würde der Betrachter um das Haus herumgehen: Direkt neben die Giebelseite des Hauses wird die Frontseite angesetzt und mit der hinteren Giebelseite verbunden.

Aus den Anfängen der Hausdarstellung entwickeln sich durch das Hinzufügen von Details wie Reifen, Segel, Schienen oder Tragflächen das Auto, der Zug, der Bus, das Flugzeug oder das Schiff. Sie alle haben den gleichen Ursprung wie das Haus, die Darstellung eines umschlossenen Raumes, und sind deshalb lange Zeit nicht davon zu unterscheiden.

Bauklotzstadt

Die Kinder setzen sich beim Spielen mit Bauklötzen mit den Grundformen eines Hauses auseinander.

Material: rechteckige, quadratische und dreieckige Bauklötze in verschiedenen Größen und Farben
Alter: ab 5 Jahren

Die Kinder setzen sich dicht nebeneinander und jedes legt flach auf dem Boden ein zweidimensionales Bauklotzhaus. Sie fügen ihre Häuser direkt aneinander und bilden so eine geschlossene Häuserreihe.

Variante

Bilden mehrere Kinder zwei Teams, wird daraus ein Spiel: Das Team, das am schnellsten eine Häuserreihe mit 10 Häusern oder von einem halben Meter Länge gelegt hat, gewinnt.

Zwergendorf

Material: Würfel, Filzstifte, 1 Bogen Zeichenpapier (DIN A3)
Alter: ab 5 Jahren

Die Kinder würfeln reihum. Je nach Anzahl der Augen zeichnet das Kind, das an der Reihe ist, mit den Filzstiften ein Zwergenhaus mit ein bis sechs Fenstern auf den Bogen Papier. Die Häuser verteilen die Kinder über das ganze Blatt. Zum Schluss ist ein Zwergendorf mit vielen winzigen Häusern entstanden.

Hochhaus-Skyline

Material: viele verschieden große Schachteln, Buntstifte, Filzstifte, großer Tonkarton (DIN A2)
Alter: ab 5 Jahren

Die Kinder suchen sich aus dem Vorrat verschiedene Schachteln aus. Nacheinander legen sie die einzelnen Schachteln auf den Karton und umfahren sie mit den Filzstiften. Beim Anlegen der Schachteln achten sie darauf, die Häuser aneinander zu bauen. So entsteht eine große geschlossene Hochhaus-Skyline, die die Kinder mit Fenstern vervollständigen können.
Sie haben aber auch die Möglichkeit das zu malen, was sich hinter den Mauern abspielt: Wer wohnt wohl darin? Wo ist das Treppenhaus? Was passiert gerade in den Häusern? Wohnen hier Kinder? Was tun sie gerade?

Das Fensterhaus

Hier beschäftigen sich die Kinder mit vielseitigen Ausgestaltungsmöglichkeiten von Fenstern.

Material: viele Zeitschriften, Scheren, Zeichenpapier, Bleistifte, Klebestifte
Alter: ab 5 Jahren

Die Kinder durchforsten die Zeitschriften nach Fenstern und schneiden sie aus.
Jedes Kind erhält einen Bogen Zeichenpapier und zeichnet darauf den großen, rechteckigen Umriss eines Hochhauses. In diesen Umriss klebt es dicht an dicht die ausgeschnittenen Fenster, bis eine geschlossene Häuserfront entstanden ist.

Die Schemaphase

Zeitungspapier-Dorf

Material: Zeitungspapier, Scheren, Klebestifte, schwarzes Tonpapier
Alter: ab 5 Jahren

Die Spielleitung überlegt gemeinsam mit den Kindern, was alles zu einem Dorf gehört.
Aus dem Zeitungspapier reißen oder schneiden die Kinder die einzelnen Elemente, die sie für ein Dorf benötigen wie z.B. Wohnhäuser, Kirche, Bäume, Zäune usw., aber auch Autos, Busse oder Lkws.
Die losen Einzelteile kleben sie auf dem schwarzen Tonpapier zu einem Dorf zusammen.

Karton-Lichterhaus

Um die Dreidimensionalität eines Hauses zu erfassen, bauen die Kinder aus einem Riesenkarton ein Lichterhaus.

Material: 1 großer Karton (z.B. von Kühlschrank oder Waschmaschine), Teppichmesser, Schere, Klebeband, weiße Temperafarbe, Pinsel, Nägel, viele Teelichter, Streichhölzer
Alter: ab 5 Jahren

Die Kinder entfernen mithilfe der Spielleitung den Boden vom Karton. Das Dach des Hauses bilden die zwei großen Verschlussflügel, die die Kinder schräg zueinander stellen und mit Klebeband fixieren. Die beiden kleinen Verschlussflügel werden abgeschnitten.
Die Kinder krabbeln in das Kartonhaus hinein und malen es von innen mit weißer Temperafarbe aus.

Mit den Nägeln bohren sie viele winzige Lichtlöcher in den Karton.
Nun stellen die Kinder mehrere Teelichter neben dem Haus auf den Boden, zünden sie mithilfe der Spielleitung an und heben das Lichterhaus vorsichtig über die Kerzen.
Das Licht strahlt – durch die weiße Farbe zusätzlich reflektiert – durch die winzigen Löcher.

Schachtelhäuser

Material: Schachteln, Schere, Teppichschneider, Tonpapierreste, Klebstoff, Temperafarbe, Pinsel, rotes und schwarzes Tonpapier, Papprollen, Watte
Alter: ab 6 Jahren

Die Schachteln dienen den Kindern als Grundgerüst für Kartonhäuser.
In diese schneiden sie Fenster oder Türen hinein, bekleben sie mit Tonpapierresten oder bemalen sie.
Mit dem roten Tonkarton bauen sie Dächer auf ihre Häuser. Ganz Mutige befestigen eine Papprolle auf dem Dach als Schornstein und füllen ihn mit Watte-Rauch.
Alle fertigen Häuser stellen die Kinder auf einem separaten Tisch zu einem kleinen Dorf zusammen.

Variante

Die Kinder gestalten aus vielen Schachtelhäusern mit grauer Farbe, gezeichnetem Mauerwerk und vielen Zinnen und Türmen eine gemeinsame Ritterburg.

Blick in ein Hochhaus

Die Kinder werden durch dieses Angebot aufmerksam auf die verschiedenen Räume eines Hauses.

Material: Zeichenpapier, Filzstifte
Alter: ab 6 Jahren

Jedes Kind erhält einen Bogen Zeichenpapier. Diesen teilt es in acht gleich große Felder auf, die die Fenster eines Hochhauses darstellen.
Die Kinder stellen sich vor, sie stünden vor diesem Hochhaus und könnten durch jedes der Fenster hinein blicken. Welche verschiedenen Zimmer befinden sich wohl hinter den Fenstern und was gibt es dort zu beobachten? Wer liegt im Badezimmer in der Wanne? Wer steht in der Küche und sieht in den Kühlschrank? Wer sitzt im Wohnzimmer im großen Ohrensessel?
Die Kinder malen ihren ganz persönlichen Blick in das Hochhausleben.

Die Schemaphase

Das verrückte Spielplatzhaus

Material: Filzstifte, Zeichenpapier
Alter: ab 6 Jahren

Die Spielleitung überlegt gemeinsam mit den Kindern, wie sie sich ein Spielplatzhaus vorstellen, in dem sie sich nach Lust und Laune austoben können.
Die Kinder bringen ihre Ideen zu Papier: Da werden Treppen zu Rutschbahnen, Lampen zu Trapezen und Stühle zu rollenden Autos...
Vermutlich greifen die Kinder unbewusst zum Kunstgriff des Röntgenbildes, um das Innere des Spielplatzhauses darzustellen.

Das süße Miniknusperhaus

Material: Zitronensaft von 1/2 Zitrone, gesiebter Puderzucker, Pinsel, 3 Butterkekse, 1 Dominostein, Küchenmesser
Alter: ab 6 Jahren

Der Zitronensaft wird mit dem Puderzucker verbunden, bis sich ein dickflüssiger Zuckerguss ergibt.
Für das Hexenhaus kleben die Kinder mithilfe des Zuckergusses den Dominostein mittig auf einen der Butterkekse.
Den zweiten Butterkeks teilen die Kinder mit dem Küchenmesser in zwei gleich große Hälften, die als Dachschrägen auf den Dominostein geklebt werden.
Zum Schluss kleben die Kinder ein kleines Stück Keks als Schornstein auf das Dach – und schon ist das Knusperhäuschen fertig.

Bauklotzgedicht

Bei diesem Gedicht werden Kinder zu ArchitektInnen. Der Gedichtausschnitt beschreibt, was Kinder alles aus Bauklötzen entstehen lassen können.

Material: Bauklotzkiste, Pinsel, Deckmalfarben, Zeichenpapier (DIN A3)
Alter: ab 6 Jahren

Die Spielleitung liest den Kindern den Auszug des Gedichtes „Die Bauklotzstadt" vor. Sie spricht mit den Kindern über den Inhalt des Gedichtes: Welche Gebäude werden beschrieben? Welche Gebäude möchten sie gerne nachbauen, welche gern zeichnen?
Die Spielleitung stellt den Kindern sowohl eine große Bauklotzkiste zur Verfügung als auch Farben und Papier. Während die einen lieber einen Bauklotzpalast entwerfen, malen die anderen ein Schloss für den Grafen – natürlich aus Bauklötzen!

Die Bauklotzstadt

Robert Louis Stevenson

Bauklötze sind doch das Allerbeste!
Burgen und Häfen, Tempel, Paläste.
Wenn's draußen regnet und alles wird nass,
hab' ich zu Haus' mit den Bauklötzen Spaß.

Das Sofa, die Berge, der Teppich, das Meer,
jetzt muss ganz schnell meine Bauklotzstadt her,
Kirchturm und Häuser, ein Schloss für den Grafen,
und für die Schiffe ein richtiger Hafen.

Groß ist das Schloss mit Mauern und Graben,
jetzt muss es auch noch zwei Türme haben,
und eine Treppe muss es noch kriegen
zum Hafen hinab, wo die Schiffe liegen.

Eins sticht in See, und eins kehrt grad' wieder,
die Seemänner singen Seemannslieder.
Und über die Stufen, in meinem Palast,
kommt jetzt sogar der König zu Gast.

„Was kann ich denn noch malen?"

Weitere Malthemen zum Thema Haus und umschlossener Raum:

- Tiefgarage mit mehreren Ebenen
- Schnecke mit einem richtigen Haus auf dem Rücken
- Häuser stehen auf dem Dach
- ein Haus, auf dem Bäume wachsen
- ein Baumhaus
- um 12 Uhr nachts im Gespensterschloss
- ein Schornsteinfeger auf dem Dach
- eine Katze balanciert über Dächer
- Hausbau auf der Baustelle
- Schloss in den Wolken

Themen aus Märchen:

- Dornröschens Schloss hinter der Rosenhecke
- Hänsel und Gretel schauen aus dem Hexenhaus heraus
- Rotkäppchen vor dem Haus der Großmutter
- Rapunzel lässt ihr Haar vom Turm herab

Muster und Farben

In der **Vorschemaphase** beachten Kinder die Farbe als solche noch nicht. Sie lassen sich allein vom Funktionellen und der Motorik des Mal- und Zeichenvorgangs leiten.

In der **Schemaphase**, in der Kinder bestimmte Formenschemata entwickeln, genügt ihnen noch immer eine **beliebige Farbe**. Sie greifen nicht nach einer Farbe, um damit bewusst etwas auszudrücken oder darzustellen, sondern wählen oft ihre **Lieblingsfarbe** aus. Oder sie suchen nach einer Farbe, die im größtmöglichen **Kontrast zur Malfläche** steht. Anderen geht es darum, das Bild möglichst bunt auszumalen und die Farben zur **bildnerischen Gliederung** einzusetzen. Die Farben dienen damit zur formalen und inhaltlichen Gliederung. Es ist ein **Malen in rigorosen Farbgegensätzen** ohne Rücksicht auf Lokalfarben – die realen Farben von Objekten und Figuren.

In der Weiterentwicklung der Schemaphase, wenn Kinder sich allmählich über die Eigenfarbe von Gegenständen bewusst werden, beginnen sie in ihren Bildern den Dingen ihre **Lokalfarben** zuzuordnen. Sie malen die Wiese grün, den Himmel blau und die Erde braun. Diese Farben dienen gleichzeitig zur Unterscheidung der Bildelemente.

Erst zum Ende der Schemaphase hin verfeinert sich das Farbunterscheidungsvermögen in **Farbnuancen**. Voraussetzung dafür ist, dass Kinder Farben zu mischen und zu nuancieren lernen. Dann finden sie auch Spaß an der Ausgestaltung

Das Kind erstellt durch den Einsatz von Farbe ein Ordnungsgefüge.

Die Schemaphase

Ein durch sich überschneidende Kreise entstandenes Muster, das Ton in Ton ausgestaltet ist.

Durch das Aneinanderreihen von Vierecken und deren farbliche Ausgestaltung ist ein Teppichmuster entstanden.

von **Mustern** oder Mandalas. Innerhalb dieser Muster haben sie die Möglichkeit, das gesamte Spektrum der Farben auszunützen. Sie sind begeistert, wenn sie möglichst alle Farben einsetzen können. Dabei bringen die Kinder Farbnuancen miteinander in Verbindung, setzen sie nebeneinander oder bringen die Farben in freier Farbwahl in ein symmetrisches Ordnungsgefüge.

Kindern geht es nun weniger um die Materialvielfalt als um die **Farbenvielfalt**, die mit der Mustervielfalt einhergeht. Deshalb malen sie mit Hingabe möglichst kleingliedrige Muster mit ganz verschiedenen Farben aus.

Beim Malen von Mandalas wird durch den Einsatz unterschiedlicher Farben ein Ordnungsgefüge erstellt.

Die Schemaphase

Farbenklatsch

Bunte Muster entstehen nicht nur über festgesetzte graphische Konturen, die ausgemalt werden, sondern auch umgekehrt: Aus Farbflecken wird ein Muster.

Material: Zeichenpapier (DIN A4), Kreppklebeband, Temperafarbe, schwarze Filzstifte
Alter: ab 5 Jahren

In der Größe der Papierbögen klebt die Spielleitung mit Kreppklebeband auf dem Basteltisch für jedes Kind einen Rahmen ab.
Die Kinder klecksen kleine Farbtupfer in diesen Rahmen und verwischen die Tupfer mit den Fingern miteinander.
Über den gestalteten Bereich legen sie einen Bogen Zeichenpapier und fahren mit leichtem Druck der Hand darüber. Ziehen sie das Papier wieder ab, hat die Farbe einen bunten Abdruck hinterlassen.
Ist der Abdruck getrocknet, umranden die Kinder die Farbkleckse spielerisch mit Filzstift. So entsteht ein willkürliches, buntes Farbmuster.

Teppichmuster

Spielerisch entwerfen die Kinder mithilfe geometrischer Formen ein Teppichmuster.

Material: Zeichenpapier, viele verschieden geformte Behältnisse (Becher, Schachteln, Deckel usw.), Bleistifte, Buntstifte
Alter: ab 5 Jahren

Alle Kinder erhalten einen Bogen Zeichenpapier und suchen sich einige der Formen aus, mit denen sie ihr Teppichmuster gestalten wollen. Wichtig ist dabei, dass sich die Formen überschneiden und sich das Muster über das gesamte Zeichenpapier zieht.
Haben die Kinder das Grundmuster gestaltet, bringen sie mit den Buntstiften ein Ordnungssystem in das Formenwirrwarr, indem sie die Farben gezielt – nach ihrem Schönheitsempfinden meist symmetrisch – einsetzen.

Variante

Die Teppichmuster werden nur aus runden oder nur aus eckigen Formen gestaltet.

Mandalas

Material: Zeichenpapier, verschieden geformte Behältnisse (Becher, Schachteln, Deckel usw.) Bleistifte, Buntstifte
Alter: ab 5 Jahren

Die Kinder suchen sich einige Formen aus und umfahren sie mit Bleistift auf ihrem Papierbogen. Dabei beginnen sie in der Mitte des Blattes und gestalten von innen nach außen, sodass sich Blumen bzw. Rosetten bilden. Sie beginnen z. B. mit einem kleinen Deckel in der Mitte und ordnen um diese Deckelform blumenhaft weitere Formen an, wobei sich die Formen überschneiden und kreuzen. Schließlich ordnen sich mehre Formenreihen um den inneren Kern.
Haben die Kinder das Mandala mit Bleistift angelegt, malen sie es bunt aus. Der meditative, beruhigende Effekt von Mandalas wird unterstützt, wenn die Kinder auch beim Ausmalen von innen nach außen vorgehen. Dabei entwickeln die Kinder ein farbiges Ordnungssystem.

Riesenfensterbild

Durch die Übereinanderlagerung von Transparentpapier entstehen neue Farbtöne. Dabei lernen die Kinder Farbmischungen und neue Farbnuancen kennen.

Material: Kleister, Klarsichtfolie am Meter (Baumarkt), Transparentpapier in verschiedenen Farben
Alter: ab 5 Jahren

Die Spielleitung rührt den Kleister nach der Verpackungsbeschreibung mit Wasser an. Die Folie schneidet sie auf die Größe eines Fensters zurecht.
Die Kinder reißen Transparentpapier in verschiedenen Farben in ca. 3 cm große Schnipsel. Diese Schnipsel kleben sie mit dem Kleister willkürlich oder als Muster auf die Folie, bis sie ganz und gar bedeckt ist. Dabei kommt es zu Überschneidungen des Transparentpapiers, sodass immer wieder neue Farbtöne und Farbnuancen entstehen. Je heller dabei die Farbtöne sind, desto besser lässt sich die Farbmischung wahrnehmen.
Kleben die Kinder mithilfe der Spielleitung die fertige Folie vor das Fenster, leuchten ihnen die Farbmischungen besonders hell entgegen.

Die Schemaphase

Hundertwasserhaus

Material: Bilder von Hundertwasser-Häusern (Postkarten aus der Kunstgalerie, größere Bilder z. B. aus Kunstkalendern), 1 großer Karton (z. B. Kühlschrank- oder Waschmaschinenverpackung), Temperagrundfarben (rot, gelb und blau), viele Schalen, Borstenpinsel
Alter: ab 5 Jahren

Die Spielleitung zeigt den Kindern die Abbildung eines Hundertwasserhauses und schaut sich mit ihnen die besondere Farbgestaltung an. Aus dem großen Karton gestalten die Kinder gemeinsam ein farbenfrohes Hundertwasserhaus. Dazu mischen sie die Grundfarben in den Schalen zu neuen leuchtenden Farben und gestalten die Hausfront kunterbunt und mit verschiedenen Mustern. Im Maleifer gilt es, auch an Türen und Fenster zu denken!

Musik sehen – Bilder hören

In diesem Angebot ist Musik der Impulsgeber für die Auseinandersetzung mit Farbe.

Material: Tapete, Klebeband, Temperafarbe, Pinsel, meditative Musik; evtl. Zeitungspapier
Alter: ab 6 Jahren

Die Tapete wird mit Klebeband an einer Wand befestigt, sodass die Kinder stehend darauf malen können. Die Spielleitung stellt Farben und Pinsel bereit und macht die Musik an.
Die Kinder lassen sich von der Musik zum Malen inspirieren. Mit Pinsel und Farbe reagieren sie auf die Klänge und setzen die Musik in ein abstraktes Bild um. Die lockere Armbewegungsmöglichkeit an der Wand unterstützt das freie Malen.
Zum Schluss betrachten die Kinder gemeinsam alle Bilder und tauschen sich über die unterschiedlichen Farben und Formen aus.

Hinweis: Die Wand, an der die Kinder malen, sollte abwaschbar sein oder z. B. mit Zeitungspapier geschützt werden.

Farbstreifenmuster

Material: Zeichenpapier, Farbkästen, Borstenpinsel, Scheren, Tapete, Klebstoff
Alter: ab 6 Jahren

Jedes Kind malt auf seinen Bogen Zeichenpapier ein Streifenbild, indem es einen Farbstreifen direkt an den anderen malt, sodass eine geschlossene, geringelte Farbfläche entsteht. Dazu nutzen die Kinder alle Farben des Farbkastens und mischen darüber hinaus noch weitere Farben.
Von den getrockneten Bildern schneiden sie quer zu den gemalten Linien unterschiedlich breite Streifen ab (s. Abbildung).
Alle Kinder tragen ihre bunten Streifen zusammen und kleben sie willkürlich zu einem neuen großen Streifenbild auf der Tapete zusammen.

Farbengeschichten

Farbengeschichten erzählen vieles über das Mischen von Farben und über Charaktereigenschaften, die Farben zugeschrieben werden.

Material: Farbengeschichten (s. u.), Temperafarben, Pinsel, Zeichenpapier (DIN A3); evtl. Zeichenpapier DIN A2
Alter: ab 6 Jahren

Die Spielleitung liest eine Farbengeschichte vor, die die Kinder auf Papier umsetzen.
Dazu gibt es mehrere Möglichkeiten:

- Während die Spielleitung die Geschichte langsam vorliest, malen die Kinder parallel frei assoziierte, abstrakte Bilder.
- Die Kinder lassen sich die Geschichte einmal komplett vorlesen und malen anschließend die Szene, die ihnen am besten gefallen hat. Die fertigen Bilder werden sortiert und als Bildergeschichte aneinander gereiht.
- Nach dem Vorlesen erhalten mehrere Kinder gemeinsam einen großen Bogen Zeichenpapier im DIN A2-Format und malen zusammen den Inhalt einer Szene.

Buchtipps:
Bauer, Jutta: „Die Königin der Farben", Basel 1998.
Heller, Eva: „Die wahre Geschichte von allen Farben", Oldenburg 1994.
Köntopp, Paul: „Weiß weiß Bescheid", Zürich 1998.
Seitz, Rudolf: „Vom Blau, das teilen lernte", Seelze 2001.
Lionni, Leo: „Das kleine Blau und das kleine Gelb", Hamburg 1986.

Die Schemaphase

Glasfenstergesicht

Da es Kindern schwer fällt, selbst eine gerade Linie zu ziehen, experimentieren sie gern mit einem Lineal.

Material: Zeichenpapier, 1 Lineal pro Kind, Wachsmalstifte
Alter: ab 6 Jahren

Alle Kinder erhalten einen Bogen Zeichenpapier. Mithilfe des Lineals ziehen sie zahlreiche Linien von einer Blattseite zur anderen. Dabei drehen sie das Blatt immer wieder, sodass von allen Blattseiten Linien zur anderen Seite ausgehen und dadurch viele Linienkreuzungen entstehen.
Diese Linienkreuzungen lassen viele kleine Felder entstehen, sodass der Eindruck eines kunstvollen Bleiglasfensters erweckt wird.
Die Kinder malen die einzelnen Flächen mit leuchtenden Farben so aus, dass in den Feldern ein buntes Glasfenstergesicht zum Vorschein kommt.

Variante

Die Kinder arbeiten ein Tier, einen Baum, ein Haus, eine Person oder eine Blume aus dem Formenwirrwarr heraus.
Entscheiden sich alle Kinder für das gleiche Thema, ist es spannend, in einer kleinen Abschlussausstellung die Unterschiedlichkeit der Ausarbeitung zu betrachten.

Gefräßiger Fisch

Dieses Angebot veranlasst Kinder, sich spielerisch mit Mustern in einem Objekt auseinander zu setzen.

Material: Wachsmalstifte, Zeichenpapier
Alter: ab 6 Jahren

Die Kinder malen den Umriss eines großen Fisches auf ihr Papier.
Entsprechend ihrer Tendenz zum Röntgenbild stellen sie sich vor, der Fisch sei durchsichtig. Wenn sie in seinen Bauch hineinschauen, entdecken sie, dass der Fisch viele Gegenstände (Blumen, Bälle, Äpfel, Blätter usw.) verschluckt hat.
Malend füllen sie den Bauch des Fisches mit den verrücktesten Dingen aus, sodass sich ein buntes Muster im Bauch des Fisches bildet. Wer malt den gefräßigsten Fisch?

Farbtagebuch

Kinder erfahren, dass Farben nicht nur Objekten oder Mustern zugeteilt werden, sondern auch Stimmungen ausdrücken können.

Material: 1 Bogen weißer Tonkarton pro Kind (DIN A4), Lineal, Filzstifte; evtl. 1 Taschenkalender pro Kind
Alter: ab 6 Jahren

Jedes Kind macht mit dem Lineal und einem schwarzem Filzstift aus seinem Tonkarton ein Kalenderblatt des kommenden Monats. Jeder Tag erhält ein kleines offenes Feld für einen Farbklecks.
Einen Monat lang füllen die Kinder jeden Tag des Kalenders mit einer Farbe. Dabei überlegen sie, welche Farbe ihrer Stimmung am jeweiligen Tag am meisten entspricht. War der Tag eher grau und voller Trübsal? War alles rosarot oder kunterbunt? War es ein „roter Tag", weil sie wild und ungestüm waren?
So entsteht mit der Zeit aus dem Einblattkalender ein bunter Farbenteppich.

Variante

Die Kinder führen ein ganzes Jahr hindurch ein Taschenkalender-Farbtagebuch.

Dia-Farbspektakel

Material: 1 Glasdiarahmen pro Kind, Q-Tipps, Glühlampenlacke, Diaprojektor; evtl. bunte Folien, Schere
Alter: ab 6 Jahren

Alle Kinder erhalten einen Glasdiarahmen. Sie klappen ihn auf und bemalen eine Seite von innen mit einem Q-Tipp als Pinsel und buntem Glühlampenlack.

Ist die Farbe getrocknet, schließen die Kinder den Diarahmen. Werden die Dias an die Wand projiziert, erscheint dort ein riesengroßes Farbspektakel!

Hinweis: Aufgrund der Geruchsentwicklung beim Arbeiten mit Glühlampenlack sollten die Kinder nur bei geöffneten Fenstern malen!

Variante

Die Kinder schneiden die Folien in kleine Schnipsel und legen diese versetzt im Diarahmen übereinander. Durch die sich überschneidenden Folien entstehen dabei auch Mischfarben.

Kleinkariert

Auf kariertem Papier lassen sich wunderschöne graphische Muster gestalten.

Material: kariertes Schreibpapier, Bleistifte, Filzstifte
Alter: ab 6 Jahren

Auf einem Bogen kariertem Papier rahmen die Kinder ein Quadrat von 20 Kästchen in der Höhe und in der Breite mit Bleistift ein. Sie gestalten einen Musterlappen, indem sie Kästchen für Kästchen bunt mit Filzstift ausmalen und dabei durch die Abwechslung der Farben ein Muster erarbeiten.

Die Schemaphase

Der Zauberer Kunterbunt

Material: Deckmalfarbe, Pinsel, Zeichenpapier (DIN A3)
Alter: ab 6 Jahren

Die Kinder nehmen eine bequeme Haltung ein und schließen die Augen. Während die Spielleitung folgende Geschichte langsam und mit vielen kleinen Pausen vorliest, atmen sie ruhig ein und aus.

Die Zauberkugel des Zauberers Kunterbunt

Stell dir vor, du bist der Zauberer Kunterbunt. In deinen Händen trägst du eine wunderschöne, farbenprächtige, schwere Zauberkugel. In ihr versammeln sich alle Regenbogenfarben zu einem Farbentanz. Wenn du die Zauberkugel gegen die Sonne hältst, kannst du das kräftige Leuchten des Rots wahrnehmen, das in ein warmes Orange übergeht. Aus dem Orange strahlt dir das sonnige Gelb der Sonne entgegen. Es hat besondere Kraft und bestrahlt die saftig grünen Wiesen und das leuchtende Blau des Himmels, der Bäche und Seen. Die Sonne lässt das Meer glitzern. In ihm schimmert das blasse Violett der untergehenden Sonne.

Du hältst die Kugel wie einen kostbaren Schatz fest in deinen Händen. Die zuvor schwere Zauberkugel wird ganz leicht, so leicht wie eine Seifenblase. Wie einen bunten Ball wirfst du sie in hohem Bogen durch die Luft. Auf ihrem Flug zieht sie farbige Spuren hinter sich her, und langsam entsteht ein Regenbogen.

Die Seifenblase fällt auf deinen Bogen Papier und zerspringt in tausend kleine Farbkleckse. Wenn du gleich zu Pinsel und Farben greifst, kannst du miterleben, wie die Farben vor Freude auf deinem Papier zu tanzen beginnen.

„Was kann ich denn noch malen?"

Weitere Malthemen zu Mustern und Farben:

- eine Fantasieflagge
- ein Bild voller Blumen in unterschiedlichen Formen und Farben
- ein Bild nur aus Dreiecken, Vierecken oder Kreisen
- ein kunterbuntes Riesenauto
- einen gestreiften, geringelten, karierten, gepunkteten, kunterbunten Elefanten (Riesenmaus, Papagei...)
- als ModedesignerIn Kleidung entwerfen

Themen aus Märchen und Geschichten:

- die aufeinander gestapelten bunten Kissen der „Prinzessin auf der Erbse"
- den farbenfrohen fliegenden Teppich von „Aladin"
- „Struwwelpeter" beim Haare färben: jedes Haar in einer anderen Farbe

Späte Kindheit
Auf der Suche nach der realistischen Darstellung

Die Bildsprache des acht- bis zehnjährigen Kindes

Ab dem siebten Lebensjahr reduziert sich die bisher erlebte zeichnerische und malerische Produktivität von Kindern. Sie beginnen sich auf Vorlagen zu stützen, malen vermehrt Strukturen aus und **kopieren**, indem sie **abpausen oder nachmalen**. Diese Tendenz entwickelt sich durch die Sehnsucht nach Perfektion im **Ringen um eine realistische Darstellung**. Beim Kopieren schulen Kinder ihre visuelle Wahrnehmung, indem sie sich beim Nachfahren der Umrisse intensiv mit den Formen und Details von Gegenständen auseinander setzen.

Bild mit drei Standlinien zur Erzeugung von Perspektive

Erste Tiefenwirkung durch kleinere Bäume im Hintergrund

Der Wunsch nach Perfektion zeigt sich auch durch den **gezielten Einsatz der Lokalfarbigkeit**. Haben sich die Kinder bisher an ihrer Lieblingsfarbe oder am größtmöglichen Kontrast zur Malfläche orientiert, bemühen sie sich jetzt, die Gegenstände in ihrer realen Farbe zu malen. Dabei sind sie auch beim **Mischen von Farben** herausgefordert, wenn sie dem jeweiligen Objekt den passenden Farbton geben wollen.
Ausschmückende Elemente werden wichtiger: Menschen erhalten zusätzliche Accessoires wie Handtaschen, Ketten, Uhren usw., und die Kleider werden durch Muster, Knöpfe, Hosenträger, Schuhe usw. vervollständigt.

In der Menschendarstellung erobern sich Kinder die Seitendarstellung – die Mischprofildarstellung aus der Schemaphase (s. S. 46) weicht dem **Seitenprofil**. Dadurch gelingt es ihnen, Menschen in Bewegung zu versetzen und sie in eine bestimmte Richtung gehen zu lassen. **Bewegung** ist dabei nicht nur in der Menschendarstellung bedeutsam, sondern auch bei der Darstellung von Fahrzeugen wie Autos, Bussen, Baggern, Fahrrädern, Rollern oder bei Flugzeugen.

Die ersten Versuche, **Perspektive und Raum** im Bild zu realisieren, beginnen nun, indem Dinge bewusst groß oder klein gemalt werden. **Das einfache Streifenbild weicht dem Mehrstreifenbild** bis hin zum bühnenähnlichen Bildraum. Beim einfachen Streifenbild ziehen Kinder nur zum unteren und oberen Bildrand eine parallele Linie – unten für die Erde, oben für den Himmel, während der dazwischen liegende Raum weiß bleibt.

In der späten Kindheit erweitert sich die Wahrnehmung für Vorder- und Hintergrund und es werden **zusätzliche Streifen als Standlinien**

Das einfache Streifenbild ist dem Mehrstreifenbild gewichen.

im Bild übereinander gemalt. Auf den oberen Standlinien spielt sich die Szenerie ab, die im Hintergrund spielt, während die untere Szene den Vordergrund darstellt. Dabei nehmen Kinder in der Darstellung von Vorder- und Hintergrund noch keine Größenunterscheidung vor. Auch Überschneidungen lassen sie in diesem Zusammenhang noch ungern zu.

Späte Kindheit

Praktische Angebote, Techniken und Themen

Materialien
In diesem Alter sind **Deckmalfarben** und **Temperafarben** besonders dann geeignet, wenn Kinder Farbnuancen mischen und große Flächen mit Farbe ausfüllen wollen. Statt mehreren preiswerten Schulpinseln sollte den Kindern jeweils ein hochwertiger **Kunsthaar-Aquarellpinsel der Stärke 10** zur Verfügung stehen. Er bildet nach jedem Gebrauch immer wieder eine feine Spitze, sodass Kinder Flächen, aber auch filigrane Details malen können und nicht das Interesse an der Malerei aufgrund von schlechtem Material verlieren. **Filzstifte** und **Buntstifte** eignen sich eher für schmückende Details.
Ein **Zeichenblock im DIN A3-Format** lässt Gestaltungsfreiraum für szenenreiche Bilder mit vielen Bildebenen.

Themen
Die Malthemen sollten Kindern viel **Spielraum** geben, um sich mit **Perspektive, Raum, menschlicher Seitenansicht und Bewegung** auseinander setzen zu können. Die Themen sollten deshalb weniger konkret benannt als vielmehr großzügig umschrieben sein, z. B.: „Ich mit meinen Freunden im Schwimmbad", „Spaziergang mit meiner Familie" oder „Im Wintersport".

Neue Farben entdecken

Dieses Angebot motiviert Kinder zum Mischen von Farben, um neue Farben zu entdecken.

Material: Deckmalfarben, Zeichenpapier, Pinsel
Alter: ab 8 Jahren

Die Kinder bilden Paare. Abwechselnd malen die Partnerkinder Farbkleckse nebeneinander auf das Papier. Dabei darf keine Farbe zweimal vorkommen. Sobald die Farben des Farbkastens aufgebraucht sind, müssen neue Farben gemischt werden.
Das Spiel ist beendet, sobald ein Farbton doppelt vorkommt.

Späte Kindheit

Pappdruck

Beim Pappdruck üben sich Kinder in der Seitenprofildarstellung und lernen eine neue Drucktechnik kennen.

Material: 1 Bierdeckel pro Kind, unterschiedlich strukturierte Pappen in gleicher Dicke, Scheren, Klebstoff, Deckmalfarbe, Pinsel, Zeichen- oder Tonpapier
Alter: ab 8 Jahren

Aus den verschiedenen Pappen schneiden die Kinder einen laufenden Menschen aus lauter Einzelteilen aus. Dazu schneiden sie z. B. einen Kopf, einen Hut, einen Pullover, eine Hose und Schuhe aus der Pappe aus und kleben diese Einzelteile wie ein Puzzle zu einer menschlichen Figur auf dem Bierdeckel zusammen.
So entsteht ein Druckstock, mit dem dieselbe Figur mehrmals hintereinander oder auch übereinander auf Papier gedruckt werden kann. Dazu färben die Kinder den Druckstock mit der Deckmalfarbe ein und drucken damit auf das Zeichenpapier. Die verschiedenen Kleidungsstücke lassen sich dabei auch mit unterschiedlichen Farben einfärben.

Variante

Mit mehreren Druckstöcken drucken die Kinder auf einen gemeinsamen Bogen Papier. So entsteht der Eindruck einer belebten Straßenansicht.

Geschenkpapier

Beim Entwerfen von Schablonen beschäftigen sich Kinder mit dem menschlichen Bewegungsprozess.

Material: große Bögen Packpapier, Klebeband, Bleistifte, Tonpapier, Scheren, Zahnbürsten, Deckmalfarben, kleines Teesieb
Alter: ab 8 Jahren

Das Packpapier wird mit Klebeband auf dem Boden befestigt.
Jedes Kind malt auf das Tonpapier mit Bleistift den Umriss einer Figur, die sich flotten Schrittes voran bewegt. Der Umriss wird in einer Linie gemalt, ohne den Stift abzusetzen.
Diese Umrisse schneiden die Kinder aus und legen sie als Schablonen auf das Packpapier. Sie färben die Zahnbürsten mit den Deckmalfarben ein und reiben sie über dem Papier über das Teesieb, sodass viele bunte Spritzer entstehen.
Nehmen die Kinder die Schablonen vom Packpapier herunter, heben sich die Figuren von der besprizten Fläche in der Farbe des Packpapiers ab.
Wiederholen die Kinder diesen Vorgang häufiger auf dem gleichen Bogen Papier, bewegen sich bald viele Personen in viele verschiedene Richtungen über das Papier. Je öfter die Kinder übereinander spritzen, desto effektvoller wird das Geschenkpapier.

Variante

Die Kinder legen das Blatt, aus dem sie die Figuren ausgeschnitten haben, als Negativschablone auf das Papier.

Späte Kindheit

Schachtellandschaft

Die Gestaltung einer Schachtellandschaft stärkt die räumliche und perspektivische Wahrnehmung.

Material: 1 Schuhkarton pro Kind, Deckmalfarben, Pinsel, Naturmaterialien (Sand, Muscheln, dünne Zweige, kleine Steine usw.), Klebstoff
Alter: ab 8 Jahren

Jedes Kind erhält einen Schuhkarton und bemalt den Boden mit einem landschaftlichen Hintergrund (Meer, Himmel, Hügel, Berge, Brücke oder Felder).
Die Kartons werden hochkant auf eine der Schmalseiten gestellt. Diese dient als Aufstellfläche des Vordergrunds. Dort fixieren die Kinder mit Klebstoff kleine Naturmaterialien, die zum landschaftlichen Hintergrund passen.
Die fertigen Schachtellandschaften können als Kulissen eines kleinen Tischtheaters genutzt werden.

Aquarelllandschaft

Um das Auge auf die Bedeutung von Raum und Perspektive zu richten, ist es nützlich, mit den Kinder wie die Impressionisten im Freien zu malen.

Material: 1 leerer Diarahmen pro Kind, Aquarellbuntstifte, Aquarellblock (Papierstärke 200 g), Pinsel
Alter: ab 8 Jahren

Gemeinsam mit der Spielleitung machen die Kinder einen Ausflug zu einem schönen landschaftlichen Motiv im Freien.
Jedes Kind sucht sich mithilfe des Diarahmens seinen eigenen Blickwinkel auf das Motiv, indem es mit einem Auge durch den Rahmen blickt, während es das andere Auge geschlossen hält. Je näher es den Rahmen an das Auge hält, desto größer wird der Ausschnitt des Motivs. Idealerweise bietet sich ein Abstand von ca. 30 cm an, um den Ausschnitt sinnvoll einzugrenzen.
Haben alle Kinder ein Motiv gefunden, malen sie es mit den Aquarellbuntstiften auf das Papier. Zwischendurch schauen sie immer wieder durch ihren Motivrahmen.
Zu Hause übermalen die Kinder ihr Bild mit Wasser zu einem Aquarellbild: Sie feuchten einen Pinsel an und fahren damit über die verschiedenen Farbfelder, sodass die Farben verwischen und der typische Aquarelleffekt entsteht.

Horizontlinienbilder

Die Horizontlinienverschiebung ist eine neue Erfahrung. Sie stellt in Kinderzeichnungen eine wichtige Bildebene dar.

Material: 1 leerer Diarahmen pro Kind, Aquarellbuntstifte, Aquarellblock (Papierstärke 200 g), Pinsel
Alter: ab 8 Jahren

Die Spielleitung unternimmt mit den Kindern einen Spaziergang zu einer Lichtung, ans Meer, an einen See, auf einen Hügel oder eine weite Wiese. Wichtig ist, dass deutlich eine Horizontlinie zu erkennen ist.
Die Kinder nehmen ihren Diarahmen (s. „Aquarelllandschaft") und fixieren die Horizontlinie. Bewegen sie den Rahmen nach oben oder unten, erleben sie, wie sich die Horizontlinie dabei im Bild verschiebt.
Die Kinder malen vor Ort mit den Aquarellbuntstiften drei Bilder des gleichen Motivs:

- 1. Bild: Die Horizontlinie ist ganz oben. Damit ist nur wenig Platz für den Himmel, aber sehr viel Platz für den Vordergrund.
- 2. Bild: Die Horizontlinie ist in der Mitte, Himmel und Erde teilen sich die Bildfläche zu gleichen Teilen.
- 3. Bild: Die Horizontlinie ist ziemlich weit nach unten gerutscht. Dadurch nimmt der Himmel viel Platz ein.

Zu Hause übermalen die Kinder ihre Bilder mit einem feuchten Pinsel und erhalten den typischen Aquarelleffekt.

Späte Kindheit

Traumlandschaft im Guckkasten

Mithilfe eines Guckkastens erhalten die Kinder einen Eindruck von räumlicher Darstellung und lernen eine dreidimensionale Szene zu gestalten.

Material: 1 Schuhkarton pro Kind, Scheren, Transparentpapier, Klebstoff, Alufolie, Spiegelfolie, kleine Naturmaterialien (Äste, Moos, Steine, Blätter usw.)
Alter: ab 8 Jahren

Aus dem Deckel des Schuhkartons schneiden die Kinder ein großes Rechteck bis auf einen Rand von 2 cm aus. Dieses Loch kleben sie mit buntem Transparentpapier von innen wieder zu. In eine der kurzen Seitenwände des Kartons schneiden die Kinder ein Daumenabdruck großes Guckloch.
Die anderen drei Innenwände der Schachtel kleiden sie mit Alufolie und Spiegelfolie aus. Den Boden bekleben sie mit den Naturmaterialien, die sie aufrecht hintereinander versetzt anordnen.
Die fertig ausgestaltete Schachtel wird wieder mit dem Deckel verschlossen. Durch das Transparentpapier fällt Licht in den Karton und lässt das Innere in der jeweiligen Farbe leuchten. Schauen die Kinder durch das Guckloch in ihren Karton, entdecken sie eine Traumlandschaft mit einer fantastischen Tiefenwirkung.

Perspektivwechsel

Bei dieser Perspektivübung wird deutlich, dass Gegenstände aus verschiedenen Perspektiven betrachtet ihr Aussehen verändern.

Material: Schüssel mit Obst, Zeichenblock, Deckmal- oder Temperafarbe, Pinsel
Alter: Ab 8 Jahren

Die Spielleitung stellt die Obstschüssel von allen Seiten gut sichtbar auf einem Tisch bereit.
Die Kinder betrachten das Motiv aus unterschiedlichen Perspektiven: Zunächst in Augenhöhe, dann in der Hocke aus der so genannten Froschperspektive. Wie hat sich das Aussehen der Schüssel jetzt verändert? Wie viel Obst können die Kinder noch in der Schüssel sehen?
Stellen sich die Kinder auf einen Stuhl, erhalten sie einen Eindruck aus der so genannten Vogelperspektive: Wie hat sich der Blick auf die Schale nun verändert?
Jedes Kind malt das Motiv aus einer der Perspektiven.
Zum Schluss präsentieren die Kinder sich gegenseitig ihre Bilder und vergleichen die Perspektiven.

Spiegelbild

Hier erleben Kinder, wie ein Spiegel die räumliche Vorstellung erweitert.

Material: Kopierpapier, Filzstifte, 1 kleiner Handspiegel pro Kind
Alter: ab 8 Jahren

Jedes Kind erhält einen Bogen Kopierpapier, den es einmal in der Mitte faltet. Diese Falz stellt eine Trennlinie, die Symmetrieachse des späteren Motivs dar.
Auf einer Seite dieser Trennlinie malen die Kinder ein beliebiges Motiv, z.B. einen Schmetterling, einen Baum oder einen Menschen – allerdings nur zur Hälfte. Sie setzen die Motivhälfte genau an der Trennlinie an, als wäre die zweite Hälfte der Figur oder des Gegenstands genau senkrecht in der Mitte abgeschnitten.
Halten die Kinder den Handspiegel senkrecht auf die Symmetrieachse, können sie beobachten, wie der Spiegel das gemalte halbe Motiv vervollständigt.

Variante

Die Kinder füllen die eine Hälfte des Blattes komplett mit einem farbigen Muster aus, das der Spiegel zum Schluss verdoppelt zeigt.

Leporellogeschichten

Märchen oder Geschichten bieten reizvolle Malimpulse für Kinder. Da sie aus vielen Einzelszenen bestehen, eignen sie sich besonders als Ideengeber für das Malen von Bilderreihen, so genannten Leporellogeschichten.

Material: 1 Märchen oder eine Geschichte, Zeichenkarton DIN A4, Tempera- oder Deckmalfarbe, Pinsel, Klebeband
Alter: ab 8 Jahren

Die Spielleitung liest den Kindern ein Märchen oder eine Geschichte vor.
Jedes Kind sucht sich aus den vielen Szenen der Geschichten eine heraus und stellt sie in einem Bild dar.
Die fertigen Bilder werden der Geschichte entsprechend in der richtigen Reihenfolge nebeneinander angeordnet und rückseitig mit Klebeband aneinander geklebt. Die Kinder falten die Bilderreihe ziehharmonikaartig zusammen.
Das fertige Leporello wird in der Ziehharmonikafaltung aufgestellt. Nacheinander erzählt jedes Kind anhand seines Bildes einen Teil der Geschichte nach.

Späte Kindheit

Rasterbilder

Material: Kopierpapier, Bleistift, Lineal, Filzstift, 1 Overheadfolie und 1 Malvorlage pro Kind, Buntstifte
Alter: ab 8 Jahren

Vorbereitung:
Die Spielleitung legt ein Gitterraster im DIN A4-Format mit 1 cm großen Quadraten mit dünnen Bleistiftlinien an. Sie kopiert das Raster für jedes Kind einmal auf Papier, sodass die Linien nur schwach zu sehen sind.
In einem zweiten Schritt verstärkt sie die Linien auf der Rastervorlage mit einem Filzstift und kopiert die neue Vorlage auf die Overheadfolien.

Durchführung:
Alle Kinder legen eine gerasterte Folie über ihre Malvorlage. Daneben legen sie einen Papierbogen mit den dünnen Rasterlinien und übertragen mithilfe des Folienrasters ihr gewähltes Motiv. Dabei vergleichen sie genau den Verlauf der einzelnen Linien: Wo beginnt die Linie in einem Rasterfeld, wo hört sie auf? Wie steil bewegen sich die Linien durch das Rasterfeld, wie viele Linien befinden sich in einem Feld?
Beobachten die Kinder den Verlauf der einzelnen Linien genau, sind sie in der Lage, ihre Vorlage exakt auf ihr Papier zu übertragen.

Übertragen statt kopieren

Material: 1 Malmotiv (z. B. ein Tiermotiv auf einem DIN A4-Blatt) und 1 Prickel- oder Stopfnadel pro Kind, Prickelfilz (pädagogischer Fachhandel) oder Wolldecke, Zeichenpapier (DIN A4), Klebestreifen, Farbpigmente, Buntstifte
Alter: ab 8 Jahren

Die Kinder legen ihre Malvorlagen auf den Prickelfilz oder die Wolldecke. Mit der Nadel stechen sie rund um den Rand des Motivs ein Loch ans andere und umfahren so einmal den kompletten Umriss. Zusätzlich stechen sie alle Konturen innerhalb des Motivs nach.
Sie drehen die Vorlage herum, legen sie auf einen Bogen Zeichenpapier und fixieren beide mit Klebestreifen auf dem Tisch. Die Kinder streuen Farbpigmente über ihre Vorlage und reiben diese mit den Fingern durch die Löcher.
Entfernen sie die Vorlage vom Papier, haben die Farbpigmente ihre Spuren hinterlassen: Es ist eine gepunktete Vorlage entstanden, deren Punkte die Kinder miteinander verbinden, sodass sie ihr Motiv ausmalen können.

Prägefolienbilder

Material: Prägefolie (Bastelladen), Wolldecke, 1 Malvorlage pro Kind, Kugelschreiber
Alter: ab 8 Jahren

Die Kinder legen die Prägefolie auf die Wolldecke und darüber ihre Malvorlage.
Mit einem Kugelschreiber fahren die Kinder mit festem Druck über alle bedeutenden Konturen der Vorlage.
Nehmen sie die Vorlage von der Prägefolie herunter, sehen sie, dass sich die nachgefahrenen Linien als Rillen in die Prägefolie gedrückt haben. Drehen die Kinder die Prägefolie auf die andere Seite, erscheinen die Linien dort nicht eingedrückt, sondern als kleine Wülste. Jede Seite hat ihren Reiz. Welche Seite gefällt den Kindern wohl am besten?

Gerissene Landschaft

Auf spielerische Weise entsteht bei dieser Technik eine landschaftliche Tiefen- und Raumwirkung.

Material: Zeichenpapier (DIN A3), 1 Bogen Tonpapier (DIN A3) pro Kind, Deckweiß und Deckmalfarbe, Pinsel oder Schwamm
Alter: ab 8 Jahren

Die Kinder legen den Papierbogen im Breitformat vor sich. Vorsichtig reißen sie das Papier von rechts nach links über die gesamte Breite in Zick-Zack-Linien in zwei Teile.
Eine Hälfte legen sie auf einen Bogen Tonpapier. Sie dient den Kindern als eine Art Schablone zur Gestaltung verschiedener Standlinien bzw. lebendiger Linien im Bild.
Dazu tauchen die Kinder den Schwamm oder den Pinsel in die Farbe und tupfen damit über die Reißkante der Schablone auf das Tonpapier. Wiederholen die Kinder diesen Vorgang mehrmals und versetzen dabei die Schablone, entsteht eine interessante Tiefenwirkung. Je nachdem wie die Kinder die Schablone und die Farben einsetzen, entstehen Meereswellen, Schneelandschaften und sanfte Hügellandschaften.
Zum Schluss schmücken sie ihre Landschaft mit Details wie Bäumen, Häusern oder Blumen aus.

Hinweis: Besonders interessant wirken die Bilder, wenn die Kinder verschiedene Farben benutzen. Wenn die Farben sich dabei nicht vermischen sollen, müssen die Kinder den ersten Farbauftrag zuerst trocknen lassen, bevor sie den zweiten auftragen.

Späte Kindheit

Kopfüber

Steht ein Bild auf dem Kopf, stimmen unsere optischen Anhaltspunkte nicht mehr. Statt Gegenstände zu erkennen, sehen wir nur noch abstrakte Formen, Flächen, Felder und Linienlandschaften – und können sie viel leichter abmalen!

Material: 1 Malvorlage pro Kind, Zeichenpapier; Buntstifte
Alter: ab 9 Jahren

Alle Kinder nehmen ihre Malvorlagen und drehen sie auf den Kopf. Linie für Linie und Fläche für Fläche übertragen sie das Formenwirrwarr auf ihr Zeichenpapier.
Drehen die Kinder am Ende ihre Vorlage und die eigene Zeichnung um 180°, werden sie erstaunt sein, wie gut sie in der Lage waren, das Motiv freihändig zu kopieren.

Bilder weiter malen

Bilder erhalten ihre räumliche Wirkung durch prägnante Linien. Diese Linien werden hier für die Weiterführung eines eigenen Bildes genutzt.

Material: Kunstpostkarten (Landschaftsbilder, gegenständliche oder abstrakte Bilder), Schere, Zeichenblock, Klebstoff, Deckmalfarben, Pinsel
Alter: ab 9 Jahren

Die Spielleitung schneidet aus den Kunstpostkarten einen Teil des Bildes aus, der möglichst prägnante Linien oder Linienrichtungen vorgibt. Sie verteilt die Ausschnitte ohne Erläuterungen zu deren Herkunft an die Kinder. Sie kleben ihren Ausschnitt auf eine beliebige Stelle des Zeichenpapiers, um nach eigenen Vorstellungen die Linien malend weiterzuführen. So integrieren sie nach und nach den Bildausschnitt in ein eigenes Bild.

Späte Kindheit

Blick durch die Mauer

Bei dieser Aufgabe erarbeiten Kinder spielerisch Vorder- und Hintergrund.

Material: Tapete, Scheren, Klebstoff, Zeichenpapier (DIN A3), Deckmalfarben, Pinsel
Alter: ab 9 Jahren

Von der Tapete werden für jedes Kind DIN A3 große Stücke zugeschnitten.
Die Kinder reißen ein großes Loch in ihr Stück Tapete und kleben den verbleibenden Tapetenrahmen auf einen Bogen Zeichenpapier.
Die Tapete stellt eine tapezierte Wand dar und steht damit für den Bildvordergrund. Durch das Loch, einen Durchbruch in der Wand, blicken die Kinder auf eine Szene, die sich dahinter abspielt. Was gibt es dort alles zu sehen? Die Kinder bringen ihre Fantasien zu Papier.

Bilder erzählen

Material: 1 Kunstpostkarte oder ein Kunstposter pro Kind (z. B. expressionistische Landschaftsbilder von Gabriele Münter, Wassily Kandinsky, August Macke, Franz Marc, Ernst Ludwig Kirchner oder Erich Heckel), Zeichenpapier, Deckmalfarben, Pinsel
Alter: ab 9 Jahren

Die Kinder bilden Paare. Je eines der Kinder erhält eine Kunstpostkarte, das andere setzt sich mit dem Rücken zu seinem Partner an den Maltisch, sodass es die Karte nicht sehen kann.
Das Kind mit dem Bild erzählt seinem Partner, was es auf der Abbildung sieht, z. B.: *„Ganz oben ist ein großer Berg. Über das Blatt zieht sich ein großer Baum. Unter dem Baum liegt ein Mann, der schläft. Der Baum blüht in Weiß und Rosa und der Himmel ist ganz rot ..."* Das sitzende Kind malt das Bild der Beschreibung entsprechend nach.
Ist die erste Malrunde beendet, tauschen die Kinder die Rollen und erhalten dafür ein neues Bild.
Am Ende zeigen sich die Kinder gegenseitig die Malvorlagen und vergleichen sie mit ihren Bildern – die Überraschung wird sicher groß sein.

Späte Kindheit

Original oder Fälschung?

Viele ExpressionistInnen haben Kinderzeichnungen gesammelt und nachgemalt, um sich wieder der Einfachheit von Kinderbildern anzunähern. Hier gehen wir umgekehrt vor: Kinder malen expressionistische Bilder nach.

Material: Poster, Kalenderbilder oder Kunstpostkarten schlichter expressionistischer Gemälde (Bsp. s. „Bilder erzählen" S. 101), Zeichenblock, Deckmalfarben, Pinsel; evtl. Overheadfolie und -projektor
Alter: ab 9 Jahren

Alle Kinder erhalten eine Kunstpostkarte. Sie schauen sich ihr Bild genau an und malen es mit Deckmalfarben und Pinsel ab.
Dazu mischen sie die Farben so, dass sie möglichst genau mit denen des Originals übereinstimmen. Auch der Bildaufbau ist gar nicht so leicht zu übernehmen – an welchen Linien können sich die „BildfälscherInnen" orientieren?
Zum Abschluss arrangieren sie mit ihren fertigen Bildern eine kleine Ausstellung unter dem Titel „Original oder Fälschung?"

Variante

Die Spielleitung kopiert eine Kunstpostkarte farbig auf Folie und projiziert diese mithilfe eines Overheadprojektors an die Wand.
Wer hat am Ende das Original am genauesten getroffen?

„Was kann ich denn noch malen?"

- Winterbaum vor untergehender Sonne
- ein Reisetagebuch
- gemalte Kartengrüße aus dem Urlaub
- Schneelandschaft auf schwarzem Tonpapier
- Blick durchs Schlüsselloch
- der Fotograf macht ein Familienbild
- Vogelscheuche auf dem Feld
- Kinder machen ein Wettrennen
- Wir fahren auf Skiern die Piste hinab
- In der Sportstunde
- Zuhause am Frühstückstisch
- Hier wohne ich: ein Lageplan (Stadtplan)
- Auf unserem Spielplatz ist was los

Schlusswort

Welche Fähigkeiten wollen sich Kinder jetzt noch erobern?

Im Drang nach Perfektion beschäftigen sich **Kinder zwischen dem zehnten und vierzehnten Lebensjahr** mit der Eroberung von Perspektive, Volumen, Plastizität, Raum und Tiefe.

Im Bereich **Perspektive** üben sie sich insbesondere in der Realisierung der Fluchtpunktperspektive, bei der alle im Bild befindlichen Linien in einem Punkt zusammenlaufen.

Im Bereich **Volumen und Plastizität** gehen sie dem Einsatz von Licht und Schatten auf den Grund, um Gegenständen Volumen zu verleihen. Dabei spielt auch das **Sich Überschneiden von Gegenständen** eine wichtige Rolle. Wurden hintereinander gelagerte Gegenstände bisher mithilfe des Röntgenbilds (s. S. 45) oder des Klappbilds (s. S. 46) dargestellt, gelingt es ihnen nun, Objekte sich überschneiden zu lassen.

Beim Thema **Raum und Tiefe** suchen die Kinder nach Lösungen, wie sie Hintergrund, Zwischengrund und Vordergrund deutlich voneinander unterscheiden können, ohne dass sich dabei innerhalb des Bildes Brüche ergeben. Auch dabei spielt das Üben von Überschneidungen eine wichtige Rolle, damit die verschiedenen Gründe fließend ineinander übergehen.

Das Ende der Kinderzeichnung – der Beginn der Erwachsenenzeichnung?

So unglaublich es klingt – bei den meisten Menschen ist das Endstadium der Kinderzeichnung auch das Ende ihrer malerischen Karriere. Die Wenigsten bemühen sich um die Weiterentwicklung ihrer malerischen Ausdrucksform. Werden ansatzweise Perspektiven, evtl. auch die Gestaltung von Volumen und Plastizität beherrscht, geben sich Jugendliche und junge Erwachsene damit zufrieden und bilden sich nicht mehr weiter. Neben Lehre, Ausbildung, Studium und Beruf scheint oft kaum Raum für Neugier an anderen Dingen zu bleiben. Schlechte Erfahrungen im Kunstunterricht an der Schule, Zynismus und Spott seitens der LehrerInnen, Eltern oder MitschülerInnen und zu hohe Erfolgserwartungen an sich selbst tun ein Übriges hinzu.

Dabei wäre jetzt der Zeitpunkt gekommen, um die malerischen Fähigkeiten durch das Erlernen von speziellen Techniken zu perfektionieren: Mit Pastel-, Guach-, Öl- oder Aquarellmalerei könnte auf das bereits Beherrschte aufgebaut werden. Auch Drucktechniken oder das Zeichnen wären nun reizvolle Techniken, die die Neugier erneut wecken könnten.

Es hat den Anschein, als sei Malen eine kindliche Tätigkeit, die lediglich die Neugier von Heranwachsenden befriedigt und die beim Eintritt in die Erwachsenenwelt kaum eine Berechtigung hat. Dabei fördert die Malerei nicht nur Kreativität und Fantasie, sondern bietet auch einen inneren Ausgleich im hektischen Alltag. Malen entspannt und geschieht zugleich in höchster Konzentration. In diesem Moment setzt sich der Maler sensibel mit seinem Motiv auseinander und entwickelt dabei eigene Vorstellungsgabe, Flexibilität, Spontaneität und nicht zuletzt eine individuelle Gestaltungsform, um das in Bildsprache auszudrücken, was ihm wichtig ist. Dies alles sind immer wieder eingeforderte Schlüsselqualifikationen, die im Mittelpunkt unserer gesellschaftlichen Entwicklung stehen.

Lassen wir uns motivieren, unsere Talente nicht zu vergraben, sondern sie – voller Neugier auf unsere Fähigkeiten – auch als Heranwachsende und Erwachsene zu nützen und auszubauen!

Anhang

Register

Aquarelllandschaft	94
Augen-Blick	51
Bauklotzfiguren	43
Bauklotzgedicht	78
Bauklotzstadt	75
Bäume pusten	67
Beerenstark	26
Bewegte Buchstaben	56
Bilder erzählen	101
Bilder weiter malen	100
Blätterdruck	68
Blätterumrisse	69
Blick durch die Mauer	101
Blick in ein Hochhaus	77
Bürstenparade	27
Das Fensterhaus	75
Das süße Miniknusperhaus	78
Das verrückte Spielplatzhaus	78
Der Deorollerstift	28
Der dicke Stift	28
Der Zauberer Kunterbunt	88
Dia-Farbspektakel	87
Doppelporträt	53
Doppelstrichmenschen	55
Eifarben-Klappbild	25
Eine runde Sache	43
Eisbilder	16
Fantasievögel aus Frottage	65
Farbengeschichten	85
Farbenklatsch	82
Farbige Flitzer	30
Farbstreifenmuster	85
Farbtagebuch	87
Fenstergesichter	42
Fingerfarbe selbst gemacht	15
Fingerkerle	42
Fratzenspiel	53
Freche Handgesichter	38
Frisierte Bilder	26
Gedruckte Kopffüßler	39
Gefräßiger Fisch	86
Geisterspuren	36
Gerissene Landschaft	99
Geschenkpapier	93
Gesichtscollage	37
Girafant	63
Glasfenstergesicht	86
Gruppenbild	50
Hand- und Fußabdrücke	18
Handmenschen	37
Herbstlicher Blätterbaum	68
Hochhaus-Skyline	75
Horizontlinienbilder	95
Hundertwasserhaus	84
Igeln auf der Spur	18
Im Dschungel	59
Jahreszeitengesichter	56
Karo-Schwein	62
Karton-Lichterhaus	76
Kinder erleben einen Obstbaum	69
Klappfiguren	55
Klebestreifen-Gesichter	40
Kleinkariert	87
Knetabdruck	39
Kopfüber	100
Körperposter	49
Kunstvolle Tierbildbetrachtung	61

Anhang

Kussgesichter	42
Leporellogeschichten	97
Malbällchen	17
Malen mit Zuckerkreide	32
Mandalas	83
Materialdruck	31
Matschmonster	13
Mein kleiner Friseurladen	54
Menschen aus Alltagsmaterialien	49
ModedesignerInnen	55
Mosaikbaum	72
Murmeltanz	17
Musik sehen – Bilder hören	84
Neue Farben entdecken	92
Original oder Fälschung?	102
Papierknäuelbilder	15
Pappdruck	93
Perspektivwechsel	96
Plüschtiere	59
Prägefolienbilder	99
Punkt an Punkt	38
Quetschflaschenkunst	29
Rasierschaummuster	14
Rasterbilder	98
Regenbogenbaum	71
Riesenfensterbild	83
Riesengroß	50
Rindenfrottage	69
Rückenbaum	69
Sandzauber	29
Schachtelhäuser	77
Schachtellandschaft	94
Schminken	51
Schneckendruck	16
Schnipsel-Figuren	40
Seidenpapierbilder	14
Spiegelbild	97
Spiegelverkehrt	38
Spritzbilder	31
Spritztechnik	40
Stretch-Baum	71
Teppichmuster	82
Tiere aus dem Hut zaubern	62
Tiere des Meeres	62
Tiere würfeln	61
Tiergedichte	63
Tonbilder	25
Tonfiguren	52
Tongesicht mit Riesennase	54
Traumlandschaft im Guckkasten	96
Tütenmasken	52
Überraschungstiere	60
Übertragen statt kopieren	98
Unsichtbare Malerei	36
Verrückte Körpercollagen	41
Vierjahreszeitenbäume	70
Wachsbügelbilder	32
Wachsmalexperiment	36
Wachstuchmalerei	19
Wachszauberbilder	27
Wie sehe ich aus?	41
Wollkompositionen	30
Wollumriss	49
Zahnstocher-Elefant	60
Zeitungspapier-Dorf	76
Zeitungsschnipsel-Tiere	60
Zerschnittene Porträts	56
Zwergendorf	75

Literatur

Bareis, Alfred: Vom Kritzeln zum Zeichnen und Malen, Auer, Donauwörth 1972

Bohn, Ernst: Malen und zeichnen, Oreli Füssli, Zürich und Wiesbaden 1989

Dodt, Cornelia / Buchgraber, Christine: Wenn Kinder malen wollen, Don Bosco, München 2000

Edwards, Betty: Garantiert zeichnen lernen, Rowohlt, Hamburg 1994

Egger, Bettina: Malen als Lernhilfe, Zytlogge, Bern / Gümlingen 1996

Hönisch, Irene: Kunsterziehung leicht gemacht, Auer, Donauwörth 1997

Kunst und Unterricht, Kinder und Jugendzeichnung, Sammelband, Friedrich, Seelze 2003

Lebeus, Angelika-Martina: Kinderbilder, Beltz, Weinheim 1993

Maaß, Silvia: Mit Kindern Bilder zaubern, modernes lernen, Dortmund 1997

Pühringer, Johanna: Die Urkraft menschlicher Ausdrucksformen, Studienverlag, Innsbruck 2002

Schreiner-Maierhofer, Marie: Kinder kennen / können Kunst, Johannes Heyn, Klagenfurt 1998

Schuster, Elfi: Kreativ mit den ganz Kleinen, Rowohlt, Hamburg 2001

Seitz, Rudolf: Kunst in der Kniebeuge, Don Bosco, München 1993

Ders.: Zeichnen und malen mit Kindern, Don Bosco, München 1995

Ders.: Kinderatelier, Ravensburg, München 1986

Stern, Arno: Der Malort, Daimon, Einsiedeln 2003

Studer, Christina: Kinderwerkstatt Malen, AT, München 2003

Urner, Erika: Häuser erzählen Geschichten, pro juvente, Zürich 1993

Wierz, Jakobine: Kreative Mal- und Zeichenspiele, Don Bosco, München 2003

Die Autorin

Jakobine Wierz lebt in Trier. Sie hat Kunstgeschichte, Bildende Kunst und Katholische Theologie studiert und ist Diplom-Pädagogin. Als Lehrerin arbeitet sie an der Katholischen Fachschule für Sozialwesen in Trier und ist seit vielen Jahren in der Fortbildung für ErzieherInnen und SpielkreisleiterInnen tätig. Darüber hinaus hat sie Lehraufträge an unterschiedlichen Institutionen der Erwachsenenbildung. Als freischaffende Künstlerin ist sie bekannt durch Ausstellungen und zahlreiche Veröffentlichungen.

Die Illustratorin

Jule Ehlers-Juhle, geb. 1946 in Göttingen, studierte Freie Grafik und Freie Malerei. Als freiberufliche Illustratorin ist sie seit vielen Jahren in Hannover als Malerin, Kinderbuchillustratorin und Leiterin von Kreativtrainings und Malkursen u. a. für ErzieherInnen und Kindergruppen tätig. Seit 1998 arbeitet sie zusammen mit dem Jugendamt an zahlreichen Projekten. Darüber hinaus realisiert sie mit Schulklassen, Kitakindern und Eltern z. B. zum Weltkindertag vielfältige künstlerische Aktionen.

Ökotopia Spiele- und Buchversand
Der Fachversand für umwelt- und spielpädagogische Materialien

Fordern Sie unser kostenloses Versandprogramm an:

Ökotopia Verlag
Hafenweg 26a · D-48155 Münster
Tel.: (02 51) 4 81 98 -0 · Fax: 4 81 98 -29
E-Mail: info@oekotopia-verlag.de
Homepage: http://www.oekotopia-verlag.de

Inseln der Entspannung
Kinder kommen zur Ruhe mit 77 phantasievollen Entspannungsspielen

ISBN: 3-931902-18-8

Voll Sinnen spielen
Wahrnehmungs- und Spielräume für Kinder ab 4 Jahren

ISBN: 3-925169-88-1

Snoezelen – Traumstunden für Kinder
Praxishandbuch zur Entspannung und Entfaltung der Sinne mit Anregungen zur Raumgestaltung, Phantasiereisen, Spielen und Materialhinweisen

ISBN (Buch): 3-931902-94-3
ISBN (CD): 3-933286-07-8

Auf dem Blocksberg tanzt die Hex'
Spiele, Geschichten und Gestaltungsideen für kleine und große Hexen

ISBN: 3-931902-19-6

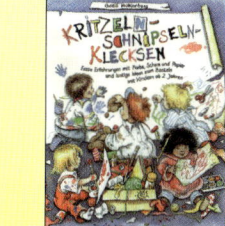

Kritzeln-Schnipseln-Klecksen
Erste Erfahrungen mit Farbe, Schere und Papier und lustige Ideen zum Basteln mit Kindern ab 2 Jahren in Spielgruppen, Kindergärten und zu Hause

ISBN: 3-925169-96-2

Moneten, Kohle, Kies und Schotter
Kinder begreifen die Welt der Wirtschaft durch kindgerechte Informationen, spannende und lustige Geschichten, Spiele, Bastelanregungen und Aktionsvorschläge

ISBN: 3-931902-99-4

Eltern-Turnen mit den Kleinsten
Anleitungen und Anregungen zur Bewegungsförderung mit Kindern von 1-4 Jahren

ISBN: 3-925169-89-X

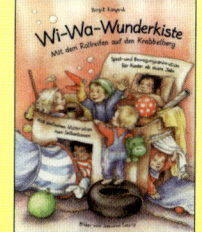

Wi-Wa-Wunderkiste
Mit dem Rollreifen auf den Krabbelberg – Spiel- und Bewegungsanimation für Kinder ab einem Jahr Mit einfachen Materialien zum Selberbauen

ISBN: 3-925169-85-7

Feuerwerk & Funkentanz
Zündende Ideen: Spiele, Lieder und Tänze, Experimente, Geschichten und Bräuche rund ums Thema Feuer

ISBN (Buch): 3-931902-85-4
ISBN (CD): 3-931902-86-2

Kinder treffen Mona Lisa
Die Kunst großer Meister der Renaissance spielerisch erleben

ISBN: 3-936286-43-4

Große Kunst in Kinderhand
Farben und Formen großer Meister spielerisch mit allen Sinnen erleben

ISBN: 3-931902-56-0

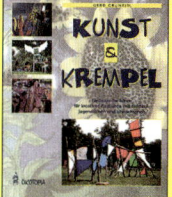

Kunst & Krempel
Phantastische Ideen für kreatives Gestalten mit Kindern, Jugendlichen und Erwachsenen

ISBN: 3-931902-14-5

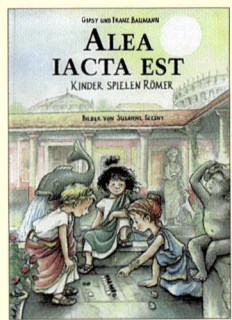

G. + F. Baumann

Alea iacta est
Kinder spielen Römer

ISBN: 3-9321902-24-2

J. Sommer

Oxmox ox Mollox
Kinder spielen Indianer

ISBN: 3-925169-43-1

P. Heilmann + I. Hoffmann

MEK MESU KEMET
Kinder spielen das alte Ägypten

ISBN (Buch): 3-931902-49-8

Im KIGA, Hort, Grundschule, Orientierungsstufe, offene Kindergruppen, bei Festen und Spielnachmittagen

Auf den Spuren fremder Kulturen

Die erfolgreiche Reihe aus dem Ökotopia Verlag

Miriam Schultze

Didgeridoo und Känguru
Eine spielerische Reise durch Australien

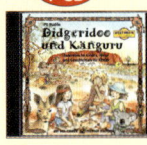

ISBN (Buch): 3-931902-67-6
ISBN (CD): 3-931902-68-4

P. Budde + J. Kronfli

Fliegende Feder
Indianische Kultur in Spielen, Liedern, Tänzen und Geschichten

Box incl. CD   3-931902-26-9
CD   3-931902-23-4
Indianerpuppe Avyleni 3-931902-27-7

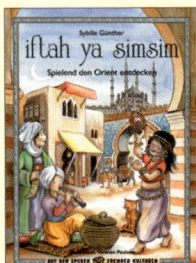

Sybille Günther

iftah ya simsim
Spielend den Orient entdecken

ISBN (Buch): 3-931902-46-3
ISBN (CD): 3-931902-47-1

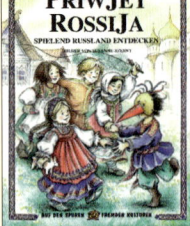

H.E. Höfele, S. Steffe

In 80 Tönen um die Welt
Eine musikalisch-multi-kulturelle Erlebnisreise für Kinder mit Liedern, Tänzen, Spielen, Basteleien und Geschichten

ISBN (Buch): 3-931902-61-7
ISBN (CD): 3-931902-62-5

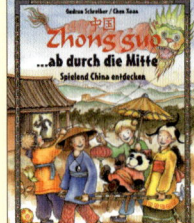

Gudrun Schreiber, Chen Xuan

Zhongguo ...ab durch die Mitte
Spielend China entdecken

ISBN: 3-931902-39-0

D. Both, B. Bingel

Was glaubst du denn?
Eine spielerische Erlebnisreise für Kinder durch die Welt der Religionen

ISBN: 3-931902-57-9

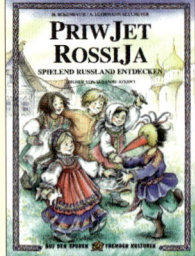

M. Rosenbaum - A. Lührmann-Sellmeyer

PRIWJET ROSSIJA
Spielend Rußland entdecken

ISBN: 3-931902-33-1

G. Schreiber - P. Heilmann

Karibuni Watoto
Spielend Afrika entdecken

ISBN (Buch): 3-931902-11-0
ISBN (CD): 3-931902-12-9

Miriam Schultze

Sag mir wo der Pfeffer wächst
Spielend fremde Völker entdecken

Eine ethnologische Erlebnisreise für Kinder

ISBN: 3-931902-15-3

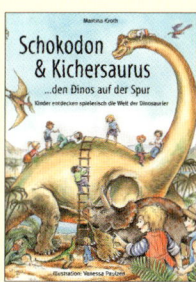

G. + F. Baumann
Mit Mammut nach Neandertal
Kinder spielen Steinzeit

ISBN: 3-925169-81-4

Martina Kroth
Schokodon & Kichersaurus
Kinder entdecken spielerisch die Welt der Dinosaurier

ISBN: 3-931902-73-0

H.E.Höfele - S. Steffe
Der wilde Wilde Westen
Kinder spielen Abenteurer und Pioniere

ISBN (Buch): 3-931902-35-8
ISBN (CD):   3-931902-36-6

Kinder spielen Geschichte

Im KIGA, Hort, Grundschule, Orientierungsstufe, offene Kindergruppen, bei Festen und Spielnachmittagen

Die erfolgreiche Reihe aus dem Ökotopia Verlag

B. Schön
Wild und verwegen übers Meer
Kinder spielen Seefahrer und Piraten

ISBN (Buch): 3-931902-05-6
ISBN (CD):   3-931902-08-0

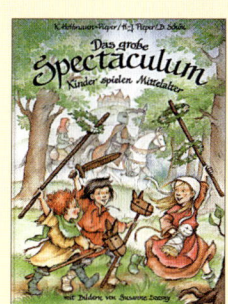

Hoffmann - Pieper
Das große Spectaculum
Kinder spielen Mittelalter

ISBN: 3-925169-78-4

Floerke + Schön
Markt, Musik und Mummenschanz
Stadtleben im Mittelalter

Das Mitmach-Buch zum Tanzen, Singen, Spielen, Schmökern, Basteln & Kochen

ISBN (Buch): 3-931902-43-9
ISBN (CD):   3-931902-44-7

Kinder erforschen die Welt

Sabine Hirler
Hämmern, Tippen, Feuerlöschen
Mit-Spiel-Aktionen, Geschichten, Lieder und Tänze rund um die Berufswelt

ISBN (Buch): 3-931902-69-2
ISBN (CD):   3-931902-70-6

M. Kalff + B. Laux
Sonne, Mond und Sternenkinder
Mit der Mondmaus in Spielen, liedern und Geschichten die Phänomene des Himmels erforschen

ISBN (Buch): 3-931902-71-4
ISBN (CD):   3-931902-72-2

A. Neumann u.a.
Waldfühlungen
Das ganze Jahr den Wald erleben – Naturführungen, Aktivitäten und Geschichtenfibel

ISBN: 3-931902-42-0

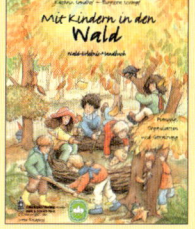

Kathrin Sandhoff u.a.
Mit Kindern in den Wald
Wald-Erlebnis-Handbuch
Planung, Organisation und Gestaltung

ISBN: 3-931902-25-0

C. + R. Seeger
Naturnahe Spiel- und Begegnungsräume
Handbuch für Planung und Gestaltung

ISBN : 3-931902-75-7

H. Bücken + H. Baum
Kiesel-Schotter-Hinkelstein
Geschichten und Spiele rund um Steine

ISBN: 3-925169-77-6

Mit-Spiel-Lieder und Bücher aus dem Ökotopia Verlag
Hafenweg 26a · D-48155 Münster

Reinhold Pomaska
Gitarrenschule und Kinderlieder
An einem Abend Gitarrenbegleitung lernen

ISBN (Buch incl. CD): 3-931902-10-2

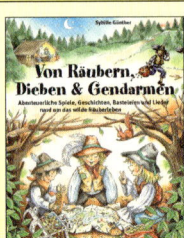

S. Günther
Von Räubern, Dieben & Gendarmen
Abenteuerliche Spiele, Geschichten, Basteleien und Lieder rund um das wilde Räuberleben

ISBN (Buch): 3-931902-97-8
ISBN (CD): 3-931902-98-6

E. Gulden, B. Scheer
Singzwerge & Krabbelmäuse
Frühkindliche Entwicklung musikalisch fördern mit Liedern, Reimen, Bewegungs- und Tanzspielen für zu Hause, für Eltern-Kind-Gruppen, Musikgarten und Krippen

ISBN (Buch): 3-936286-36-1
ISBN (CD): 3-936286-37-X

Monika Schneider
Gymnastik-Spaß für Rücken und Füße
Gymnastikgeschichten und Spiele mit Musik für Kinder ab 5 Jahren

ISBN (Buch incl. CD): 3-931902-03-X
ISBN (Buch incl. MC): 3-931902-04-8

W. Hering
AQUAKA DELLA OMA
88 alte und neue Klatsch- und Klanggeschichten

ISBN (Buch): 3-931902-30-7
ISBN (CD): 3-931902-31-5

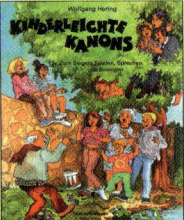

Wolfgang Hering
Kinderleichte Kanons
Zum Singen, Spielen, Sprechen und Bewegen

ISBN (Buch incl. CD): 3-925169-90-3
ISBN (nur Buch): 3-925169-91-1
ISBN (MC): 3-925169-92-X

Gisela Mühlenberg
Budenzauber
Spiellieder und Bewegungsspiele für große und kleine Leute

ISBN: 3-925169-41-5
dazu MusiCassette ISBN: 3-925169-63-6

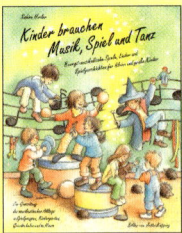

Sabine Hirler
Kinder brauchen Musik, Spiel und Tanz
Bewegt-musikalische Spiele, Lieder und Spielgeschichten für Kinder

ISBN (Buch): 3-931902-28-5
ISBN (CD): 3-931902-29-3

Volker Friebel, Marianne Kunz
Meditative Tänze mit Kindern
In ruhigen und bewegten Tänzen durch den Wandel der Jahreszeiten

ISBN (Buch + CD): 3-931902-52-8

M. Beermann - A. Breucker
Tänze für 1001 Nacht
Geschichten, Aktionen und Gestaltungsideen für 15 Kindertänze ab 4 Jahren

ISBN (Buch incl. CD): 3-925169-82-2
ISBN (nur Buch): 3-925169-86-5
ISBN (nur MC): 3-925169-83-0

Günter W. Kienitz
ErzieherInnen im Netz
Das Internet praxisorientiert nutzen: Handbuch für Einstieg, Weiterbildung und Beruf mit zahlreichen nützlichen Internetadressen zum Sofortfinden

ISBN: 3-936286-16-7

Volker Friebel
Weiße Wolken – Stille Reise
Ruhe und Entspannung für Kinder ab 4 Jahren.
Mit vielen Geschichten, Übungen und Musik

ISBN (Buch incl. CD): 3-925169-95-4